Paul Ferrini

Die Schlüssel zum KÖNIGREICH

Paul Ferrini

Die Schlüssel zum KÖNIGREICH

8 spirituelle Übungen,
die dein Leben transformieren

KOHA

Wichtiger Hinweis

Die im Buch veröffentlichten Empfehlungen wurden von Verfasser und Verlag sorgfältig erarbeitet und geprüft. Eine Garantie kann dennoch nicht übernommen werden. Ebenso ist die Haftung des Verfassers bzw. des Verlages und seiner Beauftragten für Personen-, Sach- und Vermögensschäden ausgeschlossen.

Der leichteren Lesbarkeit zuliebe wurde zumeist auf die Doppelung männlicher und weiblicher Formen nach dem Muster »der Zeuge oder die Zeugin«, »er bzw. sie« usw. verzichtet. Selbstverständlich soll dann die übliche männliche Form den weiblichen Teil der Bevölkerung umfassen.

Titel der Originalausgabe:
The Keys to the Kingdom.
8 Spiritual Practices that Will Transform Your Life.
Copyright © by Paul Ferrini
www.paulferrini.com

Deutsche Ausgabe:
© KOHA-Verlag GmbH Burgrain
2. Auflage 2016
Alle Rechte vorbehalten
Aus dem Englischen von Philippa Campling
Lektorat: Dr. Felicitas Igel
Layout der amerik. Originalausgabe: Lisa Carta
Satz: Birgit-Inga Weber
Umschlagkonzeption: Guter Punkt, München
Gesamtherstellung: Karin Schnellbach
Druck: CPI Books GmbH, Leck
ISBN 978-3-86728-227-7

Inhalt

EINFÜHRUNG

»Das Königreich des Himmels ist im Inneren.«
Jesus

Die Stürme des Lebens werden kommen und gehen. Dessen können wir sicher sein. Die Weisen hoffen nicht einfach auf den Glücksfall. Sie leben nicht in Angst vor dem Sturm, sondern bereiten sich darauf vor, ihm zu begegnen, wenn er aufkommt.

Es gibt einige einfache spirituelle Wahrheiten, die uns dabei helfen können, die Höhen und Tiefen des Lebens durchzustehen. Sie sind weder esoterisch noch kompliziert. Wir täten gut daran, diese Wahrheiten zu verstehen und unsere Einsichten an unsere Kinder weiterzugeben. Es könnten Zeiten kommen, da eine dieser einfachen Wahrheiten und die Übung, die mit ihr einhergeht, unser Leben retten werden oder das Leben eines Menschen, den wir lieben.

Es ist kein Mysterium, dass das Geheimnis des Lebens darin besteht, zu lernen, sich selbst zu lieben und zu ehren. Wenn du das kannst, kannst du auch lernen, andere zu lieben und zu ehren. Du kannst deine wahren Gaben und die Passion deines Lebens finden. Du kannst aufhören, dich selbst zu betrügen und deine Macht an andere abzugeben. Du kannst ein kreatives, begnadetes Leben in deiner Bestimmung führen.

Die Übungen in diesem Buch werden dir dabei helfen. Ich habe sie einfach und klar gehalten, damit du sie sofort nutzen kannst. Lies das Buch zunächst ganz durch, damit du alle Konzepte verstehst. Dann lies das erste Kapitel erneut und praktiziere die Übung, zu der du dort aufgefordert wirst, eine Woche lang. Setze diese einfache Wahrheit in deinem Leben um, und du wirst beginnen, die Ergebnisse zu sehen. Fahre dann mit dem nächsten Kapitel fort.

Wenn du tiefer gehen möchtest, arbeite ein paar Wochen oder einen ganzen Monat mit jedem Kapitel. Nachdem du alle Kapitel durchgearbeitet und dir die Zeit zum Üben genommen hast, wirst du die Schlüssel zum Königreich besitzen und sie aktiv nutzen. Du wirst alles wissen, was du wissen musst, um glücklich und in Frieden mit dir selbst und anderen zu sein. Deine einzige Aufgabe wird darin bestehen, weiterhin das umzusetzen, was du weißt.

Wenn es dir leichter fällt, in der Gemeinschaft mit anderen zu lernen, rufe eine »Die Schlüssel zum Königreich«-Übungsgruppe ins Leben und teile dort deine Erfahrungen. Nutze die Richtlinien zum Affinity-Prozess im Anhang dieses Buches, um einen geschützten Raum für die Mitteilungen der Gruppenmitglieder zu schaffen. Unterstützt einander dabei, diese Konzepte und spirituellen Übungen in euer tägliches Leben zu integrieren. Die Gruppe kann zusammenkommen, sooft ihr wollt, am besten hat sich jedoch bewährt, wenn ihr euch jede Woche oder jede zweite Woche trefft. Wenn möglich, beginnt mit eurer Gruppe an Neumond oder kurz danach, damit ihr mit frischer Energie und einer neuen Sichtweise starten könnt. Lest bitte im Anhang Näheres dazu.

Ganz egal, wie viel Unterstützung du bekommst, du wirst manchmal vergessen zu üben. Dann könnte es sein, dass du Schmerz und Kampf in deinem Leben erfährst. Daran wirst du erkennen, dass du die Übung vergessen hast. Geißle dich nicht selbst. Erneuere einfach deine Vereinbarung mit dir, das zu üben, was du gerade lernst.

Schmerz ist ein Weckruf. Er sagt dir, dass du eingeschlafen oder unbewusst geworden bist. Schmerz ruft dich auf, dein Leben wieder nach der Wahrheit, die von innen kommt, auszurichten.

Jesus lehrte uns, dass das Königreich des Himmels im Inneren liegt. Wir vergessen das immer wieder. Wir suchen und suchen nach Liebe und Glück im Außen. Diese Suche aber führt immer ins Leere. Und dann glauben wir, dass mit uns etwas nicht in Ordnung sei. Wir glauben, unzulänglich zu sein. All unsere Gefühle der Minderwertigkeit und Selbstverurteilung kommen hoch.

Wir machen uns runter. Wir machen unsere Partner und Kinder fertig. Wir beschämen und beschuldigen, greifen an und verteidigen uns. Wir versinken im Drama. Das ist alles andere als angenehm. Wenn wir vergessen, wer wir sind, können wir nicht freundlich zu uns selbst oder anderen sein.

Wir müssen nach Hause zurückkommen. Das Königreich liegt im Inneren, nicht im Äußeren. Wir müssen lernen, die Liebe in unserem eigenen Herzen zu finden. Dann können wir sie hinaus in die Welt bringen. Falls wir aber versuchen, sie in die Welt zu bringen, bevor sie vollständig in unserem Herzen und unserem Geist gefestigt ist, werden wir ein heilloses Durcheinander anrichten.

Du musst dich nur umschauen in der Welt, und du wirst beides sehen: sowohl das Drama als auch das Chaos. Es ist so allgegenwärtig, so vielschichtig, dass du begreifst: Es ist nicht so leicht zu ändern. Wenn du es auf eine andere Ebene heben willst, musst du von innen beginnen. Eine chaotische, lieblose Welt kommt von einem chaotischen und urteilenden Verstand. Eine lieblose Welt kommt von einem verletzten und verschlossenen Herzen. Es gibt keinen Weg, dies im Äußeren zu verändern. Veränderung muss von innen kommen.

Indem das Herz heilt, heilt die Welt mit ihm. Falls du das nicht glaubst, versuche es selbst. Heile dein Herz und sieh, wie die Welt, in der du lebst, sich verändert. Dieses Buch wird dir dabei helfen.

Eine letzte Anregung: Ich habe dieses Buch als ein nützliches Werkzeug für dich wie für mich geschrieben. Ich weiß, dass es funktioniert, wenn wir bereit sind, damit zu arbeiten. Also möchte ich dich fragen: »Bist du bereit und willens, damit zu arbeiten?« Dieses Buch ist nicht als Dekoration gedacht, die du in deinem Bücherregal stehen lassen kannst. Es ist ein praktisches Werkzeug. Genauso wie ein Hammer ist es bedeutungslos, wenn du es nie benutzt.

Es ist eine unumstößliche Tatsache, dass wir alle das Leben haben, das wir wählten. Wenn du das Leben, das du hast, nicht wollen würdest, hättest du es nicht. Sobald du sagst: »Ich will so nicht mehr leben«, setzt du den Prozess der Transformation in Gang. Aber du musst Taten folgen lassen. Worte reichen nicht aus, um alte Gewohnheiten zu verändern.

Dieses Buch ist ein Werkzeug, das so gefertigt wurde, dass es in deine Hand passt, damit du nicht zögerst, es zu benutzen. Nutze die Schlüssel in diesem Buch, um die Pforten in deinem Leben zu öffnen. Nimm sie mit, wo immer du hingehst. Nutze sie, sooft du kannst. Sie werden dir dabei helfen, deine Erfahrung zu transformieren. Die Angst wird abfallen, und bedingungslose Liebe wird durchscheinen. Und indem du zu dem erwachst, der du bist, werden auch die Menschen um dich herum erwachen.

Eine angstvolle Welt kann für ein liebendes Herz nicht existieren. Die Liebe verändert alles. Deshalb funktioniert das, was in diesem Band beschrieben ist. Tue deinen Teil, und du wirst es selbst sehen.

Mit vielen Segenswünschen

Paul Ferrini

Medizinrad: Mandala der Transformation

DIESE ÜBUNG ERMÖGLICHT:
Selbstwert, Selbstakzeptanz, Verbindung zur Liebe

●

MANDALA/MEDIZINRAD:
Himmelsrichtung: Norden
Sonnenzyklus: Wintersonnenwende
(21. oder 22. Dezember)
Mondzyklus: Neumond
Tageszyklus: Mitternacht (00:00)

ENTWICKLUNGSPROZESS/STADIUM:
der Anfang

ENERGETISCHER FOKUS:
nach innen gehen, die eigene Vision finden

1

LIEBE DICH SELBST

TRANSFORMIERENDE FRAGE:

Liebe ich mich in diesem Moment?

Du bist wie eine Blume, die in der Wüste blüht. Der Boden um dich herum ist trocken, doch du trinkst an einer unterirdischen Quelle. Du erblühst, weil du atmest. Du leuchtest, weil du mit der Quelle der Liebe und des Lebens verbunden bist.

Einstein sagte, es sei seine größte Entdeckung gewesen, dass das Universum freundlich ist. Es war seine Art, eine höhere Kraft anzuerkennen, die uns auf eine Weise unterstützt, die wir unmöglich verstehen können, sosehr wir auch versuchen mögen, unseren Platz im Universum zu begreifen.

Wir waren alle einmal Kinder, und natürlich haben wir uns darauf verlassen, dass unsere Eltern uns lieben und versorgen. Wenn wir erwachsen werden, suchen wir Liebe bei unseren Partnern und Freunden. Wir suchen die Liebe außerhalb von uns und machen uns davon abhängig, sie dort zu finden. Leider funktioniert diese Strategie, zur Liebe zu finden, bestenfalls für einen kurzen Zeitraum. Sie ist eine zeitlich begrenzte Erfahrung, keine ewige. Sie hat einen Anfang und ein Ende. Die Liebe von anderen kommt und geht. Sie ist nicht beständig. Ist sie da, sind wir glücklich. Ist sie nicht da, sind wir traurig. Manchmal fühlen wir uns sogar misshandelt oder verraten.

Aber meistens ist die Liebe, die von anderen kommt, bedingte Liebe. Menschen lieben uns, weil wir ihre momentanen Bedürfnisse stillen. Sobald wir aufhören, ihre Bedürfnisse zu erfüllen, verändern sich ihre Gefühle, und sie schauen sich nach einem anderen Objekt ihrer Zuneigung um.

Natürlich gibt es Ausnahmen. Manche Menschen lieben uns bedingungslos, aber das ist selten in unserem Leben. Und sie sind nur deshalb in der Lage, uns auf diese Weise zu lieben, weil sie zur Quelle in ihrem Inneren gefunden haben.

Die Quelle der Liebe

Die Quelle der Liebe entspringt tief in unserem Inneren. Sie speist uns wie das Grundwasser, das die Wüstenpflanzen versorgt. Diese Quelle ist immer vorhanden. Sie wohnt im Zentrum unseres Herzens, aber wir bemerken sie oft nicht. Es ist wie mit dem Atmen. Der Atem erhält uns, aber wir wissen nicht, wovon oder woher er kommt. Es ist eine Art Austausch mit dem Universum, an dem wir unbewusst teilnehmen. Wir sind nicht einmal dankbar dafür, weil wir nicht darum gebeten und nichts dafür getan haben, uns das Recht zu atmen zu verdienen. Er kam einfach mit dem Körper. Und der Körper selbst ist ein Mysterium.

Du und ich, wir sind ein Mysterium. Wir wissen nicht, warum wir hier sind oder wie wir entstanden sind. Wir haben das Geschenk des Lebens erhalten, doch wir wissen nicht, dass es ein Geschenk ist. An kalten Tagen, wenn der Wind über die Wüste fegt, fragen wir uns, ob dieses zerbrechliche Leben überhaupt ein Geschenk ist. In der eisigen Luft unter dem stählernen Licht des Vollmondes fühlen wir uns ungeschützt und verletzlich. Wir fragen uns, ob das Universum ein freundlicher Ort ist. Und wir machen uns Gedanken, ob unsere Bedürfnisse gestillt werden.

All das hat seinen Ursprung in der Suche nach Liebe, Trost und Akzeptanz im Äußeren. Und wie ich schon sagte: Alles, was von außen kommt, ist Bedingungen unterworfen – oder sagen wir: unvorhersehbar. Manchmal ist es heiß, manchmal kalt. Zuweilen herrscht Dürre, und ein anderes Mal schwellen die Flüsse im Monsun-Regen an und treten über die Ufer.

Das Leben in der Wüste ist schwierig. Es ist riskant. Es ist unsicher. Du kannst nicht wirklich auf etwas zählen. Das Gleiche lässt sich von bedingter Liebe sagen.

Würden wir einzig die bedingte Liebe kennen, wäre unsere Erfahrung hier frustrierend. Unsere Erwartungen würden nur entstehen, um wieder zerschlagen zu werden. Wir würden vielleicht sogar zu der Überzeugung gelangen, in einem grausamen und herzlosen Universum zu leben.

Aber unter der Oberfläche des Lebens liegt eine Quelle, die in der Tiefe fließt. Dort liegt eine jedem innewohnende Fähigkeit zu lieben, die absolut großartig und wunderbar ist. Große wie Buddha und Jesus haben sie uns gezeigt. Dieselbe Quelle, die sie nährte, fließt auch in unserem Herzen.

In dieser Welt mag das Herz wie ein einsamer Jäger erscheinen, doch seine wahre Natur liegt im Geben und Empfangen von Liebe. Du und ich, wir sind hier, um zu lieben. Das ist unser Lebenszweck und unser Schicksal.

Was wir nicht verstehen, ist, dass die Liebe in unserem Bewusstsein beginnt und endet. Sie fließt durch uns zu anderen und wieder zu uns zurück. Wenn wir uns selbst keine Liebe entgegenbringen, können wir auch anderen keine Liebe geben. Und falls wir erwarten, dass andere uns zuerst ihre Liebe schenken, kann es sein, dass wir sehr lange warten.

Um Liebe zu empfangen, müssen wir sie geben. Und um sie zu geben, müssen wir sie empfangen. Das ist die einfache Formel.

Geben und empfangen

Meistens möchten wir die Ersten sein, die Liebe empfangen, aber nur wenige möchten sie zuerst geben. Um Liebe geben zu können, musst du sie in dir selbst finden. Du musst deine Wurzeln tief nach unten wachsen lassen. Du musst in die Quelle sinken. Vielleicht meditierst du. Vielleicht gehst du in den Wald oder am Fluss entlang. Irgendwie wirst du still. Irgendwie öffnest du dich, um die Energie der Liebe zu empfangen.

In gewisser Weise öffnest du das Herz genauso, wie du deinen Mund öffnest, um die Luft aufzunehmen, die du atmest. Und wenn das Herz sich öffnet, um zu empfangen, gibt es automatisch Liebe zurück. Es ist in derselben Weise dazu bestimmt, zu geben und zu empfangen, wie die Lungen dazu bestimmt sind, Luft in sich aufzunehmen und sie dann wieder auszustoßen. Das Herz kann nicht Liebe empfangen, ohne sie wieder zurückzugeben.

Liebe ist ein zirkulierendes System. Sie ist wie das Blut, das zum Herzen hin- und von ihm wegfließt, oder wie die Luft, die in die Lunge hinein- und wieder aus ihr herausströmt. Sie ist selbsterhaltend, sich immer wieder neu erschaffend. Bist du einmal im Fluss der Liebe, musst du nicht mehr darüber nachdenken. Sie geschieht einfach, so wie das Atmen.

Für die meisten besteht die Schwierigkeit darin, einen Weg zu finden, um die Quelle der Liebe in ihrem eigenen Bewusstsein ausfindig zu machen. Denn das bedeutet, uns einer Präsenz bewusst zu werden, derer wir uns bis dahin nicht bewusst waren.

Uns der Liebe in uns bewusst zu werden, ist so, wie uns des Atems bewusst zu werden. Wir atmen, aber wir sind uns dessen nicht bewusst, dass wir atmen. Wir lieben, aber wir sind uns dessen nicht bewusst, dass wir lieben.

Also richtest du deine Aufmerksamkeit auf dein Herz. Du atmest in dein Herz hinein. Du fährst deine Abwehrmechanismen herunter. Du nimmst deine emotionale Rüstung ab. Du gibst dir die Erlaubnis, dich zu entspannen und dich sicher zu fühlen.

Du erinnerst dich daran, dass du ohne Schuld und in Ordnung bist, so wie du bist. Du nimmst allen Druck weg und atmest und bist. Du nimmst den Moment an und feierst ihn so, wie er ist. Du spürst Dankbarkeit für den Atem, Dankbarkeit für das Geschenk, zu leben. Du öffnest dich dem Strom des Universums in dir und um dich herum. Du gibst dir die Erlaubnis, dich zu verbinden.

Natürlich kannst du nie wirklich von dem Universum getrennt sein, in dem du lebst, aber es ist möglich, dass du dir der Verbindung zu ihm überhaupt nicht bewusst bist. Du kannst nicht von der Liebe getrennt sein, aber es mag sein, dass du dir der Liebe, die in dir lebt, überhaupt nicht bewusst bist.

Während du so im Gewahrsein deiner Unschuld sitzt und entspannst und atmest, wirst du dir mehr und mehr deiner Verbindung zu allem, was ist, bewusst. Du fühlst dich nicht mehr getrennt. Du stehst weder mit dir noch mit jemand anderem in Konflikt. Du sinkst in den Strom der Liebe.

Er war immer da, aber du warst dir seiner nicht bewusst. Selbst während du am Flussufer entlangwandertest, hörtest du den Strom der Liebe nicht zu dir flüstern, nicht dich liebkosen, nicht dich feiern. Jetzt aber fühlst du ihn. Jetzt badest du in den kühlenden Wassern dieses Flusses. Jetzt weißt du, dass du mehr bist, als du bislang angenommen hattest.

Jetzt weißt du, dass du ein Teil des großen Lebensstroms bist, der über dein Ego-Bewusstsein hinausgeht und dich mit allem verbindet, was ist. Jetzt gibt es keinen Unterschied, keine Trennung mehr zwischen dir und dem, was ist. Du ruhst in allem, was ist, und es ruht in dir.

Es gibt wahrhaftig gar kein Innen und Außen mehr, kein Groß oder Klein. Keine Grenzen mehr zwischen den Wesen. Selbst Geben und Empfangen sind nicht mehr getrennt oder vollziehen sich zeitlich versetzt, sondern sind vereint und geschehen zeitgleich. Das Universum ist absolut großartig, und du bist erstaunt über deine eigene, ganz besondere Schönheit.

Liebe ist, wer du bist. Du kannst nichts anderes sein.

Liebe ist, wer du bist

Indem du diese verblüffende Wahrheit über dich akzeptierst, beginnt dein Leben sich zu verändern. Du erkennst allmählich, dass jede Begegnung heilig ist. Jede Handlung und jedes gesprochene Wort ist eine Gelegenheit, Liebe zu geben und zu empfangen. Du lebst nicht länger an den Ufern des Flusses, sondern in dem Fluss selbst. Liebe fließt durch dich, wohin auch immer du gehst, was auch immer du tust.

Jetzt kennst du also die Wahrheit. Du weißt, wie du zum Liebesstrom in deinem Herzen findest und in ihn eintauchen kannst. Du weißt, dass du Liebe bist und dass alles andere eine Illusion ist, die von einer Angst oder Verkrampfung stammt.

Ja, du weißt das, aber ab und zu vergisst du es. Du lässt dich in das übel tönende Drama der Welt hineinziehen und kannst die Stimme des Stromes nicht hören, der zu dir spricht. Du fühlst dich von anderen getrennt. Du wirst wütend, traurig oder ungeduldig. Du fühlst dich einsam, bedürftig, entmutigt, vielleicht auch deprimiert. Es kann sogar sein, dass du dich mit Selbstmordgedanken trägst.

Das ist in Ordnung. Das passiert, wenn du vergisst, wer du bist. Das passiert, wenn du nach Liebe im Äußeren suchst, statt sie in deinem Inneren zu finden. Und das ist der Punkt, an dem deine spirituelle Übung beginnt.

Spirituelle Übung

Die erste spirituelle Übung ist einfach, aber sehr kraftvoll. Ich lade dich dazu ein, sie den ganzen Tag über anzuwenden. Jedes Mal, wenn du vergisst, wer du bist; sooft deine Verbindung zur Quelle der Liebe verschleiert oder geschwächt ist, nutze folgende transformierende Frage, um dich zurückzuholen: *Liebe ich mich in diesem Moment?*

Lass diese Frage tief in deine Seele sinken und beantworte sie ehrlich. Wenn deine Antwort »Ja« ist, dann feiere deine Verbindung zu allem, was ist, und bleibe in diesem wunderbaren Prozess des Gebens und Empfangens von Liebe. Sollte die Antwort »Nein« lauten, erinnere dich einfach daran, dass du hier bist, um dir selbst Liebe zu schenken, wenn du dich ungeliebt fühlst. Du bist hier, um Akzeptanz für dich aufzubringen, sobald du dich verurteilt oder abgelehnt fühlst. Du bist hier, um dir zu vergeben, wenn du etwas gesagt oder getan hast, das dich oder andere verletzt hat. Du bist hier, um Liebe zu bringen, nicht Verurteilung. Du bist hier, um dich selbst sanft und mitfühlend zu halten, wie eine Mutter ihr Baby hält, und nicht, um dich auf irgendeine Weise zu verurteilen, zu kritisieren oder fertig zu machen.

Wenn du dich selbst nicht liebst, erinnert dich die transformierende Frage daran, dass Liebe das ist, was jetzt notwendig ist, und dass nur du selbst sie dir geben kannst. Du bist derjenige, der Liebe in deine eigene Erfahrung bringt. Niemand sonst. Andere mögen dich lieben oder nicht lieben. Du kannst daran nichts ändern. Du kannst dich nicht von der Liebe oder Anerkennung anderer abhängig machen. Du musst sie dir selbst geben. Du bist der Überbringer der Liebe. Erlaube der Frage, sich in der grundlegenden existenziellen Verantwortung für deine Verkörperung zu verankern. Du bist derjenige, der Liebe in deine Erfahrung bringt. Niemand sonst.

Schließe deine Augen und atme tief. Höre die Wasser des Stromes zu dir sprechen. Tauche tief in sie ein. Du und der

Strom seid nicht voneinander getrennt. Du bist der Strom. Du bist die Quelle der Liebe. Du bist der Retter. Du bist derjenige, der das verwundete Kind aus der Selbstkreuzigung und Verzweiflung heraushebt. Du bist der Leuchtende.

Sich in der Gegenwart üben

Spirituelle Praxis geschieht von Augenblick zu Augenblick. In einem Moment fühlen wir uns mit der Liebe verbunden, im nächsten kann es sein, dass wir uns von ihr abgeschnitten fühlen. So ist unser Bewusstsein angelegt: Es wechselt zwischen oben und unten, innen und außen, verbunden und getrennt. Wir müssen das akzeptieren.

Indem wir auf uns selbst Druck ausüben, um in der Verbindung zu bleiben, verschlimmern wir die Erfahrung des Getrenntseins. Druck funktioniert nicht. Einzig Annahme funktioniert. Akzeptiere, was geschieht. Akzeptiere, wie du dich fühlst. Während du akzeptierst, bringst du bereits Liebe.

Falls du nicht akzeptierst, weil du möchtest, dass die Dinge anders sind, als sie sind, vertiefst du das Gefühl des Getrenntseins. Gehe also nicht in Widerstand zu deiner Erfahrung. Sei in ihr, ganz im Mitgefühl. Wenn du traurig bist, sei mit deiner Trauer. Bist du wütend, sei mit deiner Wut. Falls du einsam bist, sei mit deiner Einsamkeit.

Zu akzeptieren und mit dem zu sein, was ist, sind Handlungen der Liebe.

Wenn du dir Liebe gibst, kannst du dich nicht ungeliebt fühlen. Liebe erwidert sich selbst. Was du gibst, empfängst du, und was du empfängst, gibst du zurück. Das ist das außergewöhnliche Wesen der Liebe.

Das ist der Grund, warum Liebe die größte Kraft des Universums ist.

Wenn du vergisst, wer du bist oder warum du hier bist, nutze diese transformierende Frage, um dich daran zu erinnern. Es ist unwichtig, wie oft du vergisst. Hör auf zu zählen. Hör auf, dich zu kritisieren. Hör auf, dich unter Druck zu setzen. Bring dich einfach sanft wieder zurück. Übe dich auf liebevolle Weise darin, dich selbst zu lieben. Wenn du deine Übung, dich zu lieben, in einen Stock verwandelst, mit dem du dich selbst züchtigst, hört es auf, eine Übung der Liebe zu sein. Sei geduldig und mitfühlend.

Erinnere dich: In dir ist ein kleines Kind, das sich der Liebe nicht wert fühlt. Nimm es in deine Arme und versichere ihm, dass es liebenswert ist.

Liebe den Verwundeten, der sich der Liebe nicht würdig fühlt, und der Selbstwert wird sich auf natürliche Weise einstellen. Die Liebe bringt alle Dinge zu ihrem Ursprung zurück, und dort werden sie für immer verwandelt. Wenn der sich ungeliebt Fühlende dem Überbringer der Liebe begegnet, ist alles, was bleibt, Liebe.

Darin liegen die Gewissheit und die Größe dieser Übung. Sie funktioniert immer. Dennoch wirst du ihr Raum geben und sie umsetzen müssen. Ohne deine Bereitschaft, zur Quelle der Liebe im Inneren zu finden, kann die Kraft der Liebe in deinem Leben nicht zum Ausdruck kommen.

Je aufrichtiger du übst, desto leichter ist es für dich, dich zu zeigen. Und je mehr du dich zeigst, desto mehr trägt dich der Strom der Liebe zu deinem größten Wohl und zum Wohl aller, die mit dir reisen.

Wichtige Gedächtnisstützen

✕ Im Zustand wechselseitig abhängiger Liebe sind wir darauf angewiesen, dass andere uns lieben und für uns da sind. Das ist so, als baute man auf Treibsand. Wir legen es darauf an, enttäuscht zu werden. Lernen wir, uns selbst von innen heraus zu lieben, dann wissen wir, dass wir in Ordnung sind, wie wir sind, obwohl andere vielleicht nicht in der Lage sind, uns zu lieben und für uns da zu sein.

✕ Du bist der Überbringer der Liebe. Deine Liebe ist der Schlüssel. Du bist der Initiator. Solange du dir keine Liebe entgegenbringst, kann die Macht der Liebe in deinem Leben nicht zum Ausdruck kommen.

✕ Hältst du dich und deine Erfahrung sanft und mitfühlend? Du kannst dir selbst nicht auf lieblose Weise Liebe geben, sonst ist das, was du gibst, nicht Liebe.

✕ Es gibt keinen Augenblick, in dem du nicht mit der Quelle der Liebe verbunden bist. Deine Aufgabe besteht darin, in die Stille zu gehen und dein Herz zu öffnen, damit du die Verbindung fühlen kannst.

DIESE ÜBUNG ERMÖGLICHT:
Selbsterkenntnis, Selbstvertrauen

MANDALA/MEDIZINRAD:
Himmelsrichtung: Nordosten
Sonnenzyklus: um den 5. Februar
Mondzyklus: zunehmender Mond (45°)
Tageszyklus: späte Nacht (3:00)

ENTWICKLUNGSPROZESS/STADIUM:
Vorbereitung

ENERGETISCHER FOKUS:
sich aufladen, herauskristallisieren

2

SEI DU SELBST

TRANSFORMIERENDE FRAGE:

Ist das in Harmonie mit dem, wer ich bin?

Jeder hat eine einzigartige Blaupause für seine Verkörperung. Wir haben Stärken und Schwächen, Vorzüge und Belastungen. Zu verstehen und zu akzeptieren, wer wir sind, ist von höchster Wichtigkeit auf dem spirituellen Weg. Wir sind nicht hier, um wie ein anderer zu sein. Wir sind hier, um zu sein, wer wir sind.

Die große Hürde bei unserem Prozess des Selbst-Verstehens ist unsere Tendenz, die Überzeugungen anderer Menschen in unserer Umgebung anzunehmen und zu verinnerlichen. Sie wissen nicht, wer wir sind, dennoch projizieren sie ihre eigenen Sehnsüchte und Ängste auf uns. Sie haben ihren Plan für unser Leben. Eltern und andere Autoritätsfiguren können einen gewaltigen Einfluss auf uns haben. Wir wollen ihnen gefallen. Wir möchten sie glücklich machen, damit sie uns lieben und akzeptieren. Als Ergebnis davon betrügen wir unsere innere Blaupause oft schon in der frühesten Kindheit. Wir lernen, so zu sein, wie andere uns haben wollen, und nicht so, wie wir wirklich sind.

Mit ein wenig Glück durchschauen wir diesen Prozess des Selbstbetrugs schon früh. Wir verstehen, dass es darum geht, ganz wir selbst zu sein und den Anspruch auf unser eigenes Leben geltend zu machen. Wir können nicht so leben, wie Mama oder Papa es gern hätten. Also verlassen wir unser Elternhaus, nicht nur physisch, sondern auch geistig und emotional. Wir schneiden die Nabelschnur durch und werden zu selbstständigen menschlichen Wesen. Wir danken unseren Eltern für die Gaben, die sie uns mitgegeben haben, und brechen auf in ein unabhängiges Leben, in dem wir unsere eigenen Entscheidungen treffen und mit den Konsequenzen leben.

In diesem Prozess müssen wir unsere Ideen und Überzeugungen von denen trennen, die zu Mama, Papa oder anderen Autoritätsfiguren gehören. Wir müssen Erstere umarmen, Letztere infrage stellen. Wir möchten kein unbewusstes, von unseren Wunden gesteuertes Leben führen und nicht versuchen, die unerfüllten Träume unserer Eltern zu erfüllen und dadurch deren tragische, selbstzerstörerische Verhaltensmuster zu wiederholen.

Wir sind hier, um wir selbst zu sein, nicht, um wie sie zu sein. Um wir selbst sein zu können, müssen wir frei von den energetischen Mustern unserer Ursprungsfamilie sein. Hier gibt es ein ganzes Stück Arbeit am »Inneren Kind« zu tun. Falls du den Mut für diese Arbeit hast, erkundige dich zum Beispiel nach unseren Real-Happiness-Workshops (siehe Anhang) und lerne dort, die Verletzungen der Vergangenheit loszulassen. Wenn nicht, mache dir zumindest bewusst, dass es Kräfte in dir gibt, die dich auf Selbstbetrug programmieren. Du musst dir dieser Kräfte bewusst sein, damit du wählen kannst, dich selbst zu ehren und dein eigenes Leben zu leben. Sonst wirst du deine Zeit verschwenden, bis zum Hals im Morast bedingter Liebe stecken bleiben und unfähig sein, deinen Lebenszweck hier zu erfüllen.

Die transformierende Frage lautet in diesem Zusammenhang: *Ist das in Harmonie mit dem, wer ich bin?* Mit anderen Worten: *Spiegelt dieser Gedanke, dieses Gefühl oder diese Handlung meine einzigartigen Gaben, meine Talente, mein Naturell wider – oder viel mehr den Wunsch, jemandem zu gefallen (den Eltern, dem Lehrer, dem Partner, einem Guru oder einer anderen Autoritätsfigur)?* Wenn du dir diese Frage immer wieder stellst, hält dich das davon ab, dich selbst zu betrügen. Dir muss bewusst sein, wann du Anerkennung von anderen erstrebst und damit deine Macht abgibst. Der Versuch, anderen zu gefallen, geht nie auf, weil sie am Ende doch nicht zufrieden sind. Sie verweigern ihre Anerkennung, oder sie nutzen ihre Zustimmung als Mittel, um dich zu manipulieren, als »Karotte« vor deiner Nase, damit du tust, was sie von dir erwarten.

Du musst lernen, Nein zu diesen Manipulationsversuchen zu sagen. Du musst lernen, deine Freiheit über alles andere zu stellen.

Um wirklich frei zu sein, musst du natürlich bereit sein, für dich selbst zu sorgen. Falls du Geld von deinen Eltern oder deinem Ehepartner nimmst, wirst du nie ganz frei sein, deine eigene Wahl zu treffen. Du musst die Haken anderer entfernen, die in dir stecken, ansonsten wirst du immer wie ein Fisch auf dem Trockenen sein, der an der Angel hängt und hilflos mit den Flossen rudert. Nimm die Haken ab und schwimme dich frei. Finde deine eigene Nahrung und hüte dich vor dem Köder, der am Haken vor dir baumelt.

Bist du nicht bereit, dich selbst zu ernähren, dann wirst du unausweichlich den Grund und Boden aufgeben, von dem du lebst. Tu das nicht! Nimm ihn ganz in Besitz und beginne, dein Land zu bestellen. Es gibt eine Menge zu tun. Die Früchte des Feldes wollen gesät, gejätet und gewässert werden. Du musst lernen, für dich einzustehen, für dich zu sorgen und deinen eigenen Ideen und Werten treu zu bleiben.

Ganz man selbst zu sein ist natürlich nicht leicht. Es gibt viele Menschen, die es vorziehen, wie Kinder von ihren Eltern oder von den elterlichen Institutionen der Gesellschaft abhängig zu bleiben. Darin liegen jedoch weder Freiheit noch Würde. Du kannst kein spiritueller Mensch sein und gleichzeitig von Sozialhilfe leben. Du musst für dein eigenes Wohlergehen sorgen. Du musst dich um dich kümmern, falls dir das irgendwie möglich ist. Sofern du dazu wirklich nicht in der Lage bist, ist es in Ordnung, um Hilfe zu bitten. Sei aber bitte ehrlich! Auch wenn gewisse Dinge außerhalb deiner Möglichkeiten liegen, gibt es bestimmt andere, die du durchaus in Angriff nehmen kannst. Niemand ist völlig nutzlos. Jeder Mensch hat eine Gabe, die er einbringen kann. Es spielt keine Rolle, wie bescheiden sie ist. Wer nicht lernt, diese Gabe zu schätzen und sie der Welt anzubieten, besitzt keine Würde oder Selbstachtung.

Ganz egal, wie sehr dich das Leben fordert, gib deine Kraft nicht ab. Nimm sie für dich in Anspruch. Nähre deine Gaben. Mach kleine Babyschritte. Setze dir kurzfristige Ziele und erreiche sie. Baue den Erfolg auf, wie du ein Fundament für eine Mauer errichten würdest, Stein für Stein. In einer Arbeit, die dich ehrt, liegt Würde, wenn sie dich dazu führt, vorwärtszukommen und deine Ziele zu erreichen. Wenn nicht einmal du dir selbst verpflichtet bist, wer wird es dann sein? Die Antwort ist: Niemand! Mach dir nichts vor, sonst belügst du dich selbst. Dann lebst du in einer Fantasiewelt. Tauche aus der Verleugnung auf! Du allein bist dafür verantwortlich. Sonst keiner.

Gibst du deine Macht an andere ab, verleugnest du deinen wahren Wert. Dann läufst du herum wie ein Haufen Knochen. Die Menschen werden es knacken hören, weil kein Fleisch an deinen Knochen hängt, keine Substanz oder Leidenschaft in deinem Leben ist. Das bedeutet, lebendig tot zu sein. Mach Schluss damit! Verschwende dein Leben nicht. Wenn du faul und unmotiviert bist, wenn du die Dinge immer wieder auf die lange Bank schiebst, nach dem perfekten Job suchst, der perfekten Beziehung, dem perfekten Leben, mach dir klar, dass du deine Kraftlosigkeit dadurch verstärkst. In diesem Fall schließt du dich besser der Armee oder dem Friedenstrupp an. Hacke Holz, hole Wasser. Tu was! Arbeite hart. Arbeite mit Begeisterung und mit Elan. Und wenn du kannst, pfeife, während du arbeitest. Vielleicht wird gerade dein Chef auf dich aufmerksam. Und möglicherweise findest du heraus, dass sich plötzlich Gelegenheiten ergeben, die vorher nicht da waren, nur weil du bereit warst, in die Gänge zu kommen. Du warst bereit, deinen Teil beizutragen. Du warst bereit, an dich zu glauben.

Nutze die transformierende Frage nicht als Entschuldigung, um dahinzuvegetieren, deine Zeit zu verbummeln oder gar nichts zu tun.

Nutze sie, um eine Richtung zu finden und sie zu verfolgen. Angenommen, du fragst dich: *Ist das in Harmonie mit dem, wer ich bin?*, und deine Antwort lautet: »Nein«, weil du genau weißt, dass du dann das tun würdest, was Papa von dir will, nicht das, was du selbst tun willst, dann ist das ein guter erster Schritt. Aber du bist noch nicht fertig. Sage Nein zu dem, was dich nicht ehrt, aber nutze dieses Nein, um ein Ja zu finden.

Wenn du Papas Angebot ablehnst, dein Zahnmedizinstudium zu bezahlen, sage stattdessen Ja zum Kunst- oder Musikstudium, zur Informatikausbildung – oder was auch immer dir am Herzen liegt. Frage dich: *Was ehrt mich? Welche Talen-*

te möchte ich entwickeln oder damit einen Beitrag leisten? Und dann beweg dich. Nein zum Selbstbetrug zu sagen, erlaubt dir, Ja zu dir als authentischem Wesen zu sagen. Das Nein ist ohne das Ja bedeutungslos. Es hat keine Kraft und kein Ziel. Sage Nein zu dem, was nicht in Harmonie mit dem ist, wer du bist, und dann finde ein Ja, das diese Harmonie herstellt. Begreife, dass beides Hand in Hand geht. Authentisch zu sein bedeutet, dir selbst treu zu sein. Das ist eine essenzielle Bedingung dafür, ein reifer, psychisch bewusster, spirituell erfüllter Mensch zu werden. Deine Macht wieder einzufordern, wenn du sie bislang abgegeben hast, ist der erste Schritt, um du selbst zu sein. Danach kannst du den nächsten Schritt gehen.

Anderen die Kraft und Verantwortung zurückgeben

Du kannst nicht du selbst sein, wenn du versuchst, die Anerkennung von anderen zu bekommen, oder ihnen erlaubst, deine Entscheidungen zu beeinflussen. Andere können nicht sie selbst sein, wenn sie versuchen, deine Anerkennung zu bekommen, oder dir erlauben, ihre Entscheidungen zu beeinflussen. Wechselseitige Abhängigkeit ist wie ein zweischneidiges Schwert mit scharfer Klinge auf beiden Seiten. Es ist egal, auf welcher Seite du stehst. Voraussichtlich wirst du so oder so verletzt werden.

Wenn du schlau bist, wirst du das Schwert begraben oder es zumindest in die Scheide stecken. Hole dir deine Freiheit und deine Kraft zurück. Und gib anderen ihre Freiheit und Kraft zurück. Sollten andere versuchen, dir zu gefallen oder deine Anerkennung zu bekommen, sage ihnen: »Bitte tu, was dein Herz möchte. Was ich denke und möchte, ist unwichtig. Ich unterstütze dich darin, die beste Entscheidung für dich zu treffen.«

Sooft du einem anderen seine Freiheit einräumst, verstärkst du deine eigene und ermächtigst dich, in deinem Leben vorwärtszugehen. Sich nicht in die Angelegenheiten anderer einzumischen, ist eine der tiefgreifendsten Entscheidungen, die du auf deinem spirituellen Weg treffen kannst. Sich in das Drama anderer hineinziehen zu lassen ist so, als würde man seinen Fuß auf Treibsand setzen. Dort wieder herauszukommen, fällt wahrlich nicht leicht – und es hält dich davon ab, deine eigenen Prioritäten zu verfolgen.

Stellst du also die transformierende Frage *Ist das in Harmonie mit dem, wer ich bin?*, tue es bitte in dem Gewahrsein, dass jeder Versuch, andere zu beeinflussen oder zu kontrollieren, nicht in Harmonie mit deinem wahren Selbst, mit dem wahren Selbst anderer und den spirituellen Gesetzen des Universums ist. Sage Nein dazu, deine Kraft abzugeben, aber auch dazu, sie anderen zu nehmen. Sage Ja zu deiner und Ja zu ihrer ureigenen Kraft.

Die Verführung ist immer groß, anderen einen Rat zu geben, sobald sie dich um deine Meinung bitten. Doch hüte dich vor dem Köder. Ratschläge zu geben – das ist, als bewegte man sich auf einem rutschigen Abhang. Sobald du sagst: »Wenn ich du wäre, würde ich dieses und jenes machen,« füge bitte auch den Vorbehalt hinzu: »... aber ich bin nicht du, und du musst tun, was sich für dich richtig anfühlt, und deine eigene Entscheidung treffen.« Auf diese Weise bleibst du dem Drama fern.

So wird der andere im Falle einer schlechten Entscheidung nicht im Nachhinein zu dir kommen und sagen: »Warum hast du mir geraten, dass ich das machen soll?« Man kann dir nicht die Schuld zuschieben, weil du gar nicht erst ins Fettnäpfchen getreten bist.

Andererseits mischen sich Menschen ständig in die Angelegenheiten anderer ein. Dadurch vergessen wir manchmal die Grundregeln gegenseitiger Unterstützung und übertreten die Grenzen anderer. Falls das passiert, entschuldige dich, sobald du merkst, dass du zu weit gegangen bist. Und bitte um eine Kurskorrektur, sobald du merkst, dass jemand deine Grenzen überschritten hat. Wichtig ist vor allem, dass du das ganze Thema mit Sanftmut angehst. Wir alle machen Fehler. Wir alle müssen vergeben und um Vergebung bitten.

Das Leben kann die Erfahrung von Ermächtigung sein, aber auch von Machtrausch. Machträusche erheben oder erfüllen niemanden. Darum musst du wachsam sein. Mach dir bewusst, wann du deine Kraft abgibst. Erkenne, wann du versuchst, anderen ihre Macht zu nehmen. Bitte um Kurskorrektur. Mache deine eigenen Fehler wieder gut, lerne aus ihnen. Und gehe weiter auf deinem Weg.

Vergebung ist eine bewusst gewählte Lebensweise. Sie macht uns stärker und hilft uns, unseren Fokus zu finden. Indem wir uns jeden Augenblick in Vergebung üben, lassen wir die Vergangenheit los, verhindern, dass unsere selbstschädigenden Verhaltensmuster unser Leben beherrschen, und kommen augenblicklich in unsere Kraft und unsere Bestimmung.

Gleichwertigkeit und gegenseitiger Respekt

Sind wir frei, zu sein, wer wir sind, haben Gleichwertigkeit und gegenseitiger Respekt einen festen Platz in der menschlichen Gemeinschaft. Niemand versucht, den anderen zu kontrollieren. Niemand ist Opfer oder Täter. Niemand wird diskriminiert, kontrolliert oder missbraucht. Jeder ist befugt, seine eigene Wahl zu treffen und die Verantwortung für die Konsequenzen seiner Entscheidungen zu tragen.

Wo es keinen Selbstbetrug gibt, kann es keinen Missbrauch geben. Und da kann es keine Ungleichheit geben.

Indem jeder von uns lernt, seine Macht für sich selbst zu beanspruchen, und andere darin unterstützt, dies ihrerseits zu tun, werden die Überschreitungen seltener. Sollten sie dennoch geschehen, werden sie schneller bewusst und mühelos korrigiert.

Das ist die Welt, die wir gemeinsam hervorbringen. Aber wie immer beginnt sie bei dir und mir. Sie beginnt mit der Wahl, die wir in diesem Augenblick treffen.

Wichtige Gedächtnisstützen

✳ Lebe dein eigenes Leben, sorge für dich und triff deine eigene Wahl.

✳ Ermutige andere, ihr eigenes Leben zu leben, für sich selbst zu sorgen und ihre eigene Wahl zu treffen.

✳ Du kannst nicht du selbst sein, solange du versuchst, anderen zu gefallen, und anderen erlaubst, deine Entscheidungen zu beeinflussen, oder wenn du deine Kraft auf irgendeine Weise an andere abgibst.

✳ Du kannst nicht du selbst sein, falls du anderen deine Unterstützung versagst oder versuchst, sie zu beeinflussen bzw. sie auf irgendeine Weise ihrer Macht zu berauben.

✳ Was andere über dein Leben denken oder was du über das Leben anderer denkst, ist bestenfalls bedeutungslos, schlimmstenfalls aufdringlich und kontrollierend.

✳ Weil du dich aus dem Leben anderer heraushältst, kannst du voll und ganz in deinem eigenen Leben präsent sein. Das Gleiche gilt umgekehrt für andere.

✳ In allen Interaktionen mit anderen sind Gleichheit und gegenseitiger Respekt das Ziel.

✳ Indem du die transformierende Frage nutzt, um dich selbst zu ehren und authentisch zu sein, trägst du deinen Teil dazu bei, eine sanftmütigere und harmonischere Welt zu erschaffen.

DIESE ÜBUNG ERMÖGLICHT:
gute Abgrenzung, gesunde Beziehungen

◗

MANDALA/MEDIZINRAD:
Himmelsrichtung: Osten
Sonnenzyklus: Frühjahrs-Tagundnachtgleiche
(20. März)
Mondzyklus: erstes Mondviertel (90°)
Tageszyklus: Sonnenaufgang (06:00)

ENTWICKLUNGSPROZESS/STADIUM:
den Grundstein legen

ENERGETISCHER FOKUS:
hacke Holz, hole Wasser, bestelle den Boden

3

SEI VERANTWORTUNGS-VOLL

TRANSFORMIERENDE FRAGE:

*Übernehme ich Verantwortung für alles,
was ich denke, sage, fühle und tue?*

Die meisten Menschen möchten keine Verantwortung übernehmen, weil sie nicht beschuldigt und kritisiert werden wollen. Aber ohne Verantwortung fehlt die Antriebskraft, etwas zu erschaffen. Kraftlosigkeit und ein Mangel an Verantwortungsgefühl gehen Hand in Hand.

Vielleicht trifft es die folgende Formulierung noch genauer: Die Menschen finden es leicht, Verantwortung für Dinge zu übernehmen, die sie gut können und für die sie von anderen geschätzt werden, aber es fällt ihnen schwer, die Verantwortung für ihre Fehler zu akzeptieren. Die Wahrheit ist jedoch, dass wir alle Fehler machen, und zwar viele.

Im Leben geht es meistens darum, aus Fehlern zu lernen, und nicht darum, Fehler zu vermeiden. Falls wir unsere Fehler weder eingestehen noch aus ihnen lernen, leben wir in der Verleugnung. So erschaffen wir eine Fantasiewelt und werden nie lernen, in unserem Leben erfolgreich zu sein.

Erfolg im Hinblick auf Beruf, Sport, Gesundheit und Wohlergehen stellt sich ein, wenn wir Misserfolge oder Widrigkeiten erleben und einen Weg finden, diese zu überwinden. Geben wir auf, sobald das Leben uns fordert, werden wir nur sehr wenig zustande bringen.

Falls du glaubst, perfekt sein zu müssen, wirst du nicht erfolgreich sein, denn niemand ist perfekt. Wenn du aber besser sein willst als beim ersten Versuch, dann wirst du aus deinen Fehlern lernen und stärker und kompetenter werden. Fähigkeiten wachsen angesichts der Widrigkeiten.

Du lernst, an dich zu glauben, indem du Herausforderungen meisterst, dich durch Schwierigkeiten durchbeißt und Konflikte überwindest.

Stärke baut sich durch Krafttraining auf. Charakter bildet sich durch Prüfungen und Testsituationen. Größe baut sich auf, während wir Kontroversen mutig ins Auge sehen oder gegen Ungerechtigkeit aufstehen. Erneuerung entsteht, indem wir den Pfad wählen, der am wenigsten bewandert wird, auch wenn das schwieriger ist.

Man könnte meinen, es sei keine große Sache, sich Fehler einzugestehen und aus ihnen zu lernen. Aber es ist eine sehr große Sache. Wenn wir das erste Mal so handeln, wird dies zu einem Schlüsselerlebnis.

Fehler zugeben

Warum fällt es uns so schwer, unsere Fehler zuzugeben? Weil wir denken, wir würden dann zur Zielscheibe für andere. Zu sagen: »Ich habe es getan«, ist so, als würde man mit einem Schild herumlaufen, auf dem »Schlag mich!« steht. Wir leben in einer Kultur von Schuld, Scham und Strafe, nicht in einer Kultur der Vergebung. Wir glauben, das Eingestehen unserer Fehler bedeute, das Urteil für die eigene Kreuzigung zu unterschreiben, und das Ergebnis ist, dass nur sehr wenige zu ihren Handlungen stehen.

Hier liegt der Haken. Solange wir uns nicht um unseren Kram kümmern, kommen wir nicht in unsere Schöpferkraft. Dann können wir nicht erfolgreich sein. Um Erfolg haben zu können, müssen wir bereit sein, zu scheitern. Wir müssen bereit sein, Fehler zu machen und aus ihnen zu lernen. Wir müssen bereit sein, zu sagen: »Ich hab's vermasselt, es tut mir leid.«

Uns selbst und anderen Fehler zu vergeben, ermöglicht uns allen ein neues Leben. Wir erhalten eine zweite Chance, und eine zweite Chance führt oft zu erstaunlichen Handlungen. Dafür gibt es viele Beispiele. Ich bin mir sicher, dass du ein paar kennst.

Wir alle wollen auf Händen getragen werden. Wir alle möchten gefeiert werden. Aber diejenigen, die emporgehoben und gefeiert wurden, werden dir herzergreifende Geschichten über die Zeiten erzählen, als sie am Boden zerstört waren und alles verloren hatten. Du meinst, du hättest Probleme und Schwierigkeiten? Höre dir diese Geschichten an. Sie werden dich bescheiden machen.

Ohne Demut wirst du keine Chance haben, erfolgreich zu werden. Das Leben bringt jeden früher oder später auf den Boden zurück. Besser zu Beginn der Reise als am Ende. Besser, die Lektionen der Demut gleich zu lernen, wenn die Zeit dafür da ist und die Lebensumstände es erlauben. Sonst kann es passieren, dass man diese Lektionen nicht rechtzeitig lernt und dann nicht wissen wird, was zu tun ist, wenn der große Sturm kommt.

Ein demütiger Mensch übersteht den Sturm heil. Ein stolzer Mensch sinkt mit dem Schiff. Das Leben ist nicht wohltätig zu denen, die glauben, etwas Besonderes zu sein, und die wenig Achtung oder Mitgefühl für ihre Mitmenschen haben.

Selbst wenn du noch nicht in der Lage bist, Mitgefühl für andere zu empfinden, bringe dir selbst Mitgefühl entgegen. Sei gütig zu demjenigen, der darum kämpft, über die Runden zu kommen. Lerne dich selbst zu lieben und wertzuschätzen und für dein Leben einzustehen. Lerne aus deinen Fehlern und gehe sanft mit dir um. Sooft du dir selbst oder einem anderen vergibst, legst du an Eigendynamik und Kraft zu. Du wirst schon sehen.

Der Schnellkurs im Grenzensetzen

Seit vielen Jahren gebe ich meinen Schülern folgenden wichtigen Schlüssel für ihr Erwachen mit. Es ist nur ein Satz, aber er ist kraftvoll und wird dein Leben verändern. Er lautet: *Alles, was ich denke, fühle, sage und tue, gehört zu mir, und alles, was du denkst, fühlst, sagst und tust, gehört zu dir.* Ich nenne den Satz »Schnellkurs im Grenzensetzen«.

Er ist ein grundlegendes Werkzeug auf dem spirituellen Weg, weil er dir genau sagt, wo deine Verantwortung liegt und wo nicht. Du bist verantwortlich für alles, was du fühlst, und für alles, was du für wahr hältst. Du bist verantwortlich für die Worte, die du aussprichst, und die Dinge, die du tust. Niemand anderer ist für irgendetwas davon verantwortlich.

Es mag sein, dass jemand deine Knöpfe drückt und du mit Wut darauf reagierst. Dieser Mensch ist aber nicht verantwortlich für deine wütenden Worte oder Taten, sondern du. Es ist nicht wichtig, wer dich deiner Meinung nach wütend oder traurig gemacht hat. In Wahrheit ist es dein Glaube. Es ist deine Wut oder Trauer. Das alles gehört zu dir.

Natürlich trifft Entsprechendes auch für das Gegenteil zu: Rufst du bei anderen Wut oder Traurigkeit hervor, gehört diese Wut oder Traurigkeit zu ihnen, nicht zu dir. Die Verantwortung für ihre Gedanken und Gefühle, Worte und Taten liegt bei ihnen – und nur bei ihnen.

Der Punkt dabei ist: Jeder von uns wählt, was er denkt und fühlt, was er sagt und tut. Wenn unsere reaktiven Verhaltensmuster das Ruder übernehmen, mag es so aussehen, als hätten wir keine Wahl. Aber wir haben eine. Die Wahl wird lediglich auf einer unbewussten Ebene getroffen.

Es geht darum, zu verstehen: Eben weil wir diese Wahl haben, haben wir auch die Verantwortung für die Wahl, die wir treffen. Eine unbewusste Wahl verursacht Leiden für uns und andere. Also müssen wir uns der reaktiven, unbewussten Wahl, die wir treffen, bewusst werden und auch der Konsequenzen dieser Wahl. Wenn uns das Ergebnis nicht gefällt, müssen wir zurückgehen und das von unserer Wunde gesteuerte Verhalten erkennen, das dieser Wahl zugrunde liegt. So können wir dann auch die Wunde erkennen, die heilen soll, und den Glaubenssatz, der verändert werden muss.

Indem wir unserer Wunde bewusst Heilung schenken und unsere falschen, zerstörerischen Glaubenssätze verändern, verringern sich unsere unbewussten, von der Wunde gesteuerten Verhaltensweisen, und wir erleben, dass wir in der Lage sind, unsere Wahl bewusster zu treffen. Je achtsamer wir sind, desto besser wird unsere Wahl werden und umso mehr werden uns die Ergebnisse gefallen. Unsere Gedanken sind positiver, unsere Gefühle harmonischer, unsere Worte freundlicher und unsere Taten kraftvoller.

All das geschieht, weil wir bereit sind, jeden Gedanken, jedes Gefühl, jedes Wort, das wir aussprechen, und jede unserer Handlungen, die wir vollziehen, bewusst wahrzunehmen.

Wir bringen dieses Gewahrsein als eine spirituelle Übung in jedem Augenblick ein, wissend, dass wir letztendlich für alle Inhalte unseres Bewusstseins verantwortlich sind. Wir tun das nicht, um Fehler an uns zu finden, sondern um wachsam zu sein und uns unserer Schöpferkraft bewusst zu werden, in dem Wissen, dass das, was wir über uns selbst und andere glauben, die Tendenz hat, sich in unserem Leben auf die eine oder andere Weise zu verwirklichen.

Jeder ist ein Schöpfer, und als solche sind wir verantwortlich für unsere Schöpfungen. Diese Verantwortung besteht unabhängig davon, ob wir nun bewusst oder unbewusst erschaffen. Manche nennen die Schöpferkraft auf der unbewussten Ebene »Karma«. Es ist nicht wirklich wichtig, wie man es nennt. Je größer das unbewusste Netz ist, das du strickst, desto größer ist die Wahrscheinlichkeit, dass du dich darin verfängst.

Stricke also mit Sorgfalt. Stricke bewusst. Übernimm Verantwortung für deine Gedanken, Gefühle, Worte und Handlungen. Deine Erfahrung gehört zu dir. Mach nicht den Fehler, zu glauben, sie gehöre zu jemand anderem. Du bist der Architekt und der Baumeister. Du bist Richter und Geschworener zugleich.

Die Umkehrung trifft ebenso zu: Andere sind verantwortlich für ihre eigenen Gedanken, Gefühle, Worte und Handlungen. Du bist nicht für die Schöpfungen anderer verantwortlich. Übernimm keine falsche Verantwortung, die nicht zu dir gehört. Lass andere für ihre Erfahrungen verantwortlich sein.

Schuld und Scham überwinden

Der schnellste Weg, die Grenzen anderer zu überschreiten, besteht darin, sie für deine Gedanken, Gefühle, Worte oder Handlungen verantwortlich zu machen. Das geschieht zum Beispiel dadurch, dass du sagst: »Es ist deine Schuld, dass ich wütend geworden bin«, oder: »Du hast mich wütend gemacht.« Das ist nicht wahr und wird auch nie wahr sein. Dass andere deine Wut triggern, also auslösen bzw. aktivieren, macht sie noch nicht dafür verantwortlich. Du behältst die Verantwortung dafür, unabhängig davon, wie sehr sie dich provozieren.

Du hast die Wahl, wie du darauf antworten wirst. Indem du es nicht persönlich nimmst, weil du weißt, dass das »ihr Kram« ist, kannst du es von dir abperlen lassen. Du lädst es dir nicht auf die Schultern. Du verfängst dich nicht in deren Gedanken und Gefühlen. Du wirst nicht von ihren Worten und Taten getriggert. Du weißt, dass ihre Gedanken, Gefühle, Worte und Handlungen zu ihnen gehören, nicht zu dir. Weil du nicht getriggert wirst, reagierst du nicht unbewusst. Du greifst sie nicht deinerseits mit Worten oder Taten an. Du verschließt dich nicht emotional, sondern löst dich davon. Du lässt zu, dass sie ihre eigene Erfahrung machen, und versuchst, sie nicht zu verurteilen. Du weißt, dass jeder getriggert wird. Jeder macht Fehler. Jeder hat hier und da einen schlechten Tag. Du nimmst es nicht persönlich.

Du nimmst Menschen vom Haken. Du nimmst dich selbst vom Haken. Du fühlst dich weder verantwortlich für ihren Kram noch versuchst du, sie für deinen verantwortlich zu machen. Auf diese Weise bewegst du dich weg von Schuld und

Scham. Du hörst auf, andere zum Opfer zu machen oder selbst die Rolle des Opfers zu spielen. Du weißt, dass jeder die Wahl hat. Jeder kann das Rad des Leidens verlassen. Er muss nur die Verantwortung für seine eigene Erfahrung übernehmen.

Andere zu beschämen und zu beschuldigen, vertieft nur deinen eigenen Schmerz. Entscheide dich, das nicht zu tun. Gib den Gedanken auf, dass irgendein anderer für dein Glück oder deinen Mangel an Glück verantwortlich ist. Übernimm die volle Verantwortung. Lass andere wissen: »Ich kann mit mir selbst glücklich sein, obwohl du unglücklich mit mir bist. Dein Glück liegt nicht in meiner Verantwortung, und ich werde sie nicht auf mich nehmen.«

Sage ihnen auch: »Du bist nicht verantwortlich für meinen Schmerz, meine Freude, mein Glück oder den Mangel daran. Ich lehne es ab, dich für meine wie auch immer geartete Lage, in der ich mich gerade befinde, anzugreifen oder zu beschuldigen, weil ich weiß, dass ich immer eine Wahlmöglichkeit habe. Ich wähle meinen Schmerz. Ich wähle meine Freude. Du kannst sie nicht für mich wählen. Deshalb kann meine Wahl niemals in deiner Verantwortung sein.«

Der Schnellkurs im Grenzensetzen hilft dir, davon Abstand zu nehmen, die Grenzen anderer zu übertreten oder ihnen zu erlauben, deine Grenzen zu überschreiten. Er schafft Verantwortungsgefühl, wo es angebracht ist, und wahre Gleichheit. Er hilft dir, Schuld und Scham dir selbst und anderen gegenüber aufzugeben.

Mit der transformierenden Frage arbeiten

Die transformierende Frage hier lautet: *Übernehme ich Verantwortung für meine Gedanken, Gefühle, Worte und Taten? Übernehme ich Verantwortung für meine eigene Erfahrung, oder versuche ich, dir die Verantwortung zu übertragen? Lasse ich zu, dass du deine Verantwortung für deine Erfahrung übernimmst, oder übernehme ich unangemessenerweise Verantwortung für deine Gedanken, Gefühle, Worte oder Handlungen?*

Die transformierende Frage hilft dir, Überschreitungen zu erkennen (das Übertreten gesunder Grenzen), wenn sie passieren oder sich anbahnen. Sie ist ein Kompass, der dir zeigt, wo du stehst, und der dir herauszufinden hilft, wie du dorthin kommst, wo du hinwillst.

Auf der Reise ist der wahre Norden auf diesem Kompass immer der Ort, der frei von Schuld und Scham ist und an dem keine Grenzüberschreitung durch dich und andere stattfindet. Sofern du dich oder andere beschuldigst oder beschämst, solltest du dir das bewusst machen und es beenden. Das liegt in deiner Verantwortung. Falls andere dich beschämen oder beschuldigen, solltest du sie darauf aufmerksam machen und sie bitten, damit aufzuhören.

Sage anderen: »Lasst uns einander nicht beschämen und beschuldigen. Lasst uns annehmen, was zu uns gehört. Lasst uns Verantwortung dafür übernehmen, was wir hier und jetzt hervorbringen.«

Sage dir: »Ich bin hier, um zu erwachen und Verantwortung für meine Erfahrung zu übernehmen. Andere zu beschämen und zu beschuldigen, führt zu wechselseitiger Abhängigkeit und Schikane. Ich kann nicht in meine Kraft kommen, indem ich einen anderen beschäme und beschuldige.«

Gestehe dir die Zeiten zu, in denen du den Schnellkurs im Grenzensetzen vergisst und den Raum anderer unbefugt betrittst. Erkenne deine Fehler, gib sie zu und lerne aus ihnen. Nimm dir vor, deine Fehler zu korrigieren, und bitte um Vergebung für deine Überschreitungen. Übe dich darin, die Botschaft des Vaterunsers umzusetzen. Vergib anderen ihre Überschreitungen und bitte sie, dir deine Verfehlungen gegen sie zu vergeben.

Jesus hat uns sein Gebet nicht gegeben, damit es in einem heiligen Buch niedergeschrieben und verwahrt bleibt. Er gab es uns als praktisches Werkzeug, das wir im täglichen Leben anwenden können.

Wann immer du ärgerliche oder verletzte Gefühle bei einem anderen oder in dir selbst wahrnimmst, stelle die transformierende Frage: *Gestehe ich mir meine Themen ein, oder mache ich einen anderen für meine Erfahrung verantwortlich?* Und umgekehrt: *Gesteht sich der andere seine Themen ein, oder versucht er, mich dafür verantwortlich zu machen?*

Nutze die transformierende Frage, um die Überschreitung ins Bewusstsein zu holen und die notwendige Korrektur einzuleiten. Nutze sie nicht, um dich selbst oder andere niederzumachen. Wenn du merkst, dass eine Überschreitung stattfindet, bewege dich nicht in einem Feld von Schuld und Scham. Höre einfach auf damit. Aufhören genügt.

Wenn du mutig bist, gib zu, dass dein Verhalten unangemessen oder nicht in Ordnung war. Sage: »Ich sehe ein, dass ich versucht habe, dir die Schuld dafür zuzuschieben, aber ich weiß, dass es eigentlich meines ist. Das ist mein Thema, nicht deines. Vergib mir, wenn du kannst.«

Auf diese Weise besinnt ihr euch auf die Wahrheit. Ihr baut gesunde Grenzen auf. Ihr findet wieder zu Vertrauen und gegenseitigem Respekt. Ihr stellt das Gesetz der Liebe erneut als die wirksame Kraft in eurem Leben her.

Wichtige Gedächtnisstützen

✖ Ohne Verantwortung gibt es keine Schöpferenergie. Vielleicht glaubst du, es sei keine große Sache, deine Fehler einzugestehen und aus ihnen zu lernen. Doch es ist eine sehr große Sache. Für die meisten Menschen ist es ein Schlüsselerlebnis.

✖ Du bist für alles, was du fühlst, und alles, was du für wahr hältst, verantwortlich. Du bist verantwortlich für deine Worte und für deine Taten. Niemand anderer ist dafür verantwortlich.

✖ Andere zu beschuldigen und zu beschämen, verstärkt nur deinen eigenen Schmerz. Entscheide dich, dies nicht zu tun. Gib die Vorstellung auf, jemand anderer sei für dein Glück oder den Mangel daran verantwortlich.

✖ Andere sind für ihre Gedanken, Gefühle, Worte und Handlungen verantwortlich. Du bist nicht für die Schöpfungen anderer verantwortlich. Übernimm keine falsche Verantwortung. Lass andere die Verantwortung für ihre eigenen Erfahrungen tragen.

DIESE ÜBUNG ERMÖGLICHT:
gute Kommunikation, keine Hintergedanken

☾

MANDALA/MEDIZINRAD:
Himmelsrichtung: Südosten
Sonnenzyklus: um den 5. Mai
Mondzyklus: zunehmender Mond (135°)
Tageszyklus: Vormittag (09:00)

ENTWICKLUNGSPROZESS/STADIUM:
Kreislauf, Energieaustausch

ENERGETISCHER FOKUS:
säen, pflanzen

4

SEI EHRLICH

TRANSFORMIERENDE FRAGE:

Spreche ich meine Wahrheit
und höre ich auf die Wahrheit anderer?

Es ist immer eine Herausforderung für uns, die Wahrheit zu äußern. Wir neigen dazu, Menschen das zu sagen, was sie hören wollen. Während wir nach Anerkennung oder Zustimmung suchen, wird die Wahrheit dabei oft aufs Spiel gesetzt.

Sind wir wirklich ehrlich zu uns, dann erkennen wir, dass wir oft gar nicht wissen, was wahr für uns ist. Zu sagen: »Ich weiß es nicht«, ist der erste Schritt zur Ehrlichkeit. Das ist besser, als eine Geschichte zu erfinden oder anderen zu sagen, was sie hören wollen, damit sie aufhören zu fragen.

Es beginnt mit einem Vorgang der Selbstfindung. Wir beginnen uns zu fragen: *Wo liegt hier für mich die Wahrheit?* Diese Frage führt uns in die Verbindung mit uns selbst. Und dort – nur dort – ist der Ort, an dem wir mit der Wahrheit in Berührung kommen.

Um die Wahrheit zu hören, musst du lauschen. Du musst still werden. Du musst unter das Gewirr sich widersprechender Gedanken und Gefühle sinken, die wir »monkey mind«, also wörtlich übersetzt »Affengeist«, nennen. Der »Affengeist«, der von Baum zu Baum springt, bedeutet einfach »Wirrwarr«. Dort liegt keine Wahrheit. Du musst tiefer gehen.

Also bleibst du bei der Frage und sinkst in dein Herz. Du erlaubst dir, dich zu entspannen und zu atmen. Du erlaubst dem Atem, den Verstand herunterzufahren, damit mehr Abstand zwischen den Gedanken entsteht. Das ist der Ort, an dem Einsicht und Führung zu uns gelangen.

Die Wahrheit zeigt sich immer, wenn du lange genug bei etwas bleibst. Die Frage ist: Bist du bereit, in der Stille zu sitzen und zu *sein?* Bist du bereit, geduldig zu sein?

Die Wahrheit sagen

Hast du genügend Zeit in Ruhe und Verbindung mit dir selbst verbracht, kommt die Wahrheit zutage. Normalerweise überfällt sie dich nicht, sondern flüstert dir sanft zu. Führung und Klarheit kommen oft mit einer ruhigen, friedlichen Stimme zu uns. Wahrheit ist in ihrem Wesen organisch. Sie entwickelt oder entfaltet sich. Nur selten bricht sie hervor oder bahnt sich mit einem Schlag ihren Weg. Hüte dich vor den autoritären Stimmen, die befehlen, fordern oder dich aufhetzen; sie entspringen normalerweise einem Ort der Verletzungen und verborgenen Programme. Hinter ihnen braut sich ein Sturm zusammen.

Warte, bis die Fluten nicht mehr anschwellen und bis der Wind sich legt. Und dann höre hin, was die Stimme sagt.

Wenn die stille kleine Stimme der Wahrheit dir zuflüstert, lasse sie ein und verweile mit ihr in Geduld. Lass die Wahrheit zu jeder Zelle deines Körpers sprechen. Sei mit der Wahrheit und verinnerliche sie, bevor du sie aussprichst oder nach ihr handelst. Es sollte keine Impulsivität oder Hast in deiner Begegnung mit der Wahrheit liegen. Andererseits sollte es keine Verzögerung, kein Zaudern, keinen unnötigen Aufschub geben.

Es gibt eine richtige und eine falsche Zeit, um die Wahrheit zu sagen, und eine richtige und eine falsche Art, die Wahrheit auszusprechen. Hier sind einige wichtige Richtlinien:

✕ Versuche nicht, anderen die Wahrheit zu sagen, wenn sie nicht zuhören oder solange du aufgebracht, beschäftigt oder in andere Angelegenheiten vertieft bist bzw. solange die anderen es sind. Erschaffe einen entspannten und heiligen Raum, in dem du in der Lage sein wirst, aus deinem Herzen heraus zu sprechen und mit dem Herzen gehört zu werden (siehe Affinity-Prozess im Anhang, S. 122 ff.).

✖ Drücke dich behutsam aus, indem du in »Ich«-Aussagen sprichst, sodass du deine Wahrheit mitteilst ohne jegliche Erwartung, dass sie auch für andere wahr sein muss. Hau dem anderen deine Wahrheit nicht um die Ohren, entschuldige dich aber auch nicht dafür.

✖ Bitte um Akzeptanz, nicht um Übereinstimmung. Liebe beruht nicht auf Übereinstimmung. Sie beruht auf Akzeptanz und gegenseitigem Respekt.

✖ Die Wahrheit zu sprechen und zu hören ist eine in sich geschlossene Handlung. Es braucht nichts weiter daraus zu entstehen. Kommentare sind überflüssig, und es müssen keine Entscheidungen gefällt werden. Nimm dir ein wenig Zeit, um aufzunehmen, was mitgeteilt wurde. Bitte weder um eine Stellungnahme noch gib eine ab. Lass einfach die Erkenntnis sinken, und wenn du später bereit bist, kannst du sie besprechen.

Wahrheit wird am besten zu einem heiligen Zeitpunkt und in einem heiligen Raum ausgesprochen. Den richtigen Zeitpunkt und Ort zu wählen, an dem du dich anderen aus deinem Herzen heraus mitteilst, macht es sehr viel wahrscheinlicher, dass man dir auf eine Art und Weise zuhört, die von Herzen kommt und respektvoll ist. Dich mit Liebe in deinem Herzen und in deiner Stimme mitzuteilen, erhöht die Wahrscheinlichkeit, dass der andere deine Erfahrung nicht als Angriff, sondern eher als eine Einladung zu größerer Nähe erlebt.

Andere hören

Ehrlichkeit ist in jeder Beziehung eine Straße, die in beide Richtungen führt. Indem wir zu anderen ehrlich sind, geben wir den Ton an und laden sie dazu ein, ebenso zu verfahren. Darüber hinaus kannst du ehrliche Kommunikation fördern, indem du zuzuhören lernst, ohne zu urteilen oder zu kommentieren. Höre zu, damit andere sich gehört und akzeptiert fühlen. Gib nicht noch deinen »Sermon« dazu. Verurteile, kritisiere oder bewerte nicht, und gib auch kein ungebetenes Feedback. Fange nicht an, Geschichten aus deinem Leben zu erzählen, die dir vielleicht durch die Mitteilung des anderen in den Sinn kommen. Du bist nicht da, um zu kommentieren, sondern um zu verstehen und zu akzeptieren, was mitgeteilt wurde.

Die meisten hören mit einer Richtermütze auf dem Kopf zu. Was andere sagen, hören wir durch unsere eigenen Überzeugungen und Filter. Wir antworten, wägen ab und äußern unsere Meinung, selbst wenn wir nicht darum gebeten werden. Ist es ein Wunder, dass Menschen sich deshalb nicht gehört, wenn nicht sogar verurteilt und angegriffen fühlen?

Erinnere dich: »Was du über andere denkst, ist nicht deren Angelegenheit.« Sie müssen nicht wissen, welche Urteile du über sie fällst. Es wäre nicht hilfreich für sie, das zu wissen, und es würde sie sicher nicht dazu ermutigen, dir zu vertrauen.

Platze nicht mit deinen Urteilen heraus. Nimm sie wahr und übernimm Verantwortung für sie. Erkenne, dass deine Urteile mehr über dich selbst als über andere aussagen. Deine Urteile zeigen dir Aspekte deiner selbst auf, die du noch nicht zu lieben und zu akzeptieren gelernt hast. Die mitfühlende

Wahrnehmung deiner Urteile kann eine Pforte zur Heilung der Angst und der Schamgefühle sein, die mit deinen Kindheitswunden zusammenhängen.

Projiziere deine Urteile, Verletzungen oder Glaubenssätze nicht auf andere. Lass ihnen ihre eigene Erfahrung. Betrachte das, was andere in dir triggern, als ein Geschenk, das es dir ermöglicht, auf einer tieferen Ebene zu heilen. Lade deinen Kram nicht bei anderen ab, nur weil du Angst davor hast, ihn anzuschauen.

Zuhören zu lernen ist eine wahre Kunst. Es geschieht nicht so leicht oder schnell. Wenn du die Wahrheit anderer hörst, nimmst du die Rolle eines Zeugen ein. Du betrachtest sie in ihrem Prozess. Indem du es unterlässt, dafür- oder dagegenzuhalten, bleibst du uneingeschränkt und frei, zu denken und zu fühlen, wie es für dich stimmig ist. Du wirst nicht in ein fremdes Drama hineingezogen. Du magst es erkennen, doch du machst es dir nicht zu eigen, weil es zum anderen gehört, nicht zu dir.

Die Wahrheit bezeugen

Indem du das, was für den anderen wahr ist, vorbehaltlos akzeptierst, vermittelst du als Zeuge die Einstellung: »Du bist in Ordnung, so wie du bist. Du musst dich nicht als jemand darstellen, der mir oder irgendeiner anderen Person gefallen muss.« Der Zeuge hat nicht das Bedürfnis, dich zu verändern oder zu verbessern. Du bist schon in Ordnung. Da ist nichts in dir, das mangelhaft oder kaputt wäre. Du musst nicht umgestaltet werden. Du musst nicht gerettet werden. Du musst nicht korrigiert werden.

Dahinter steht eine grundlegende Bejahung. Ihre Botschaft ist: »Ich erkenne dich als einen gleichwertigen Bruder oder eine gleichwertige Schwester an. Du hast dein Leben, und ich habe meines. Ich achte deine Reise in gleichem Maße, wie ich das für mich beanspruche.«

Der Zeuge übt sich in Gleichberechtigung und gegenseitigem Respekt. Der Zeuge wahrt die Würde der Erfahrung jedes Einzelnen. Er verurteilt, kritisiert oder beschuldigt nicht, sondern sieht einfach, was für den anderen wahr ist, und ehrt es.

Der Zeuge versteht die Tyrannei, die dem Bedürfnis nach Übereinstimmung oder Zustimmung innewohnt. Er weiß: Wer verlangt, dass andere die gleiche Erfahrung oder den gleichen Glauben haben, ist ein unsicherer Mensch. Auf Übereinstimmung zu bestehen, macht das Leben steif und langweilig. Es zerstört die Vielfalt und Spontaneität – beides Aspekte, die das Leben interessant machen und Freude bringen. Die Wahrheit ist, dass die Menschen unterschiedlich sind. Sie sind recht häufig verschiedener Meinung, und das ist nicht zwingend schlecht. Verschiedenheit führt zu Diskussion und Synthese. Sie erzeugt einen kreativen Prozess, der Menschen hilft, die besten Antworten auf die Probleme des Lebens zu finden. Sicher, es kann schon passieren, dass das zu weit getrieben wird. Es kann sein, dass die Menschen aus dem Auge verlieren, was sie gemeinsam haben. Sie polarisieren sich möglicherweise und können dadurch zum Stillstand kommen. Extreme sind nicht hilfreich.

Der Zeuge erwartet nichts. Manchmal stimmt er mit anderen überein. Manchmal auch nicht. Aber er akzeptiert immer den Standpunkt und die Erfahrung des anderen.

Wenn wir aufhören, nach Übereinstimmung zu suchen, kann die Wahrheit nicht mehr durch Verschiedenheit gefährdet werden. Verschiedenheit wird als Preis für Authentizität und Freiheit akzeptiert. Wir geben einander die Erlaubnis, ehrlich zu sein. Wir erschaffen einen sicheren Raum, wo jeder sprechen und gehört werden kann.

Die Sprache der Liebe

Die Sprache der Liebe lässt keine Verurteilung oder Kritik zu. Sie unterstützt weder Diskriminierung noch Vorurteile. Sie führt nicht zu Zurückweisung oder Einschüchterung. Sie mündet in keinerlei Form von Manipulation oder Grausamkeit.

Bei der Sprache der Liebe geht es um Akzeptanz, Ermutigung, Unterstützung, Verständnis und Respekt. Sie erhebt andere. Sie setzt niemanden herab.

Die Sprache der Liebe besteht nicht auf Übereinstimmung, denn sie möchte, dass Menschen frei sind, ihre eigene Wahl zu treffen.

Liebe gründet nicht auf Übereinstimmung. Du kannst anderer Meinung sein und trotzdem diesen Menschen lieben.

Das ist etwas, das jeder lernen muss. Es ist ein grundlegender Teil unserer spirituellen Praxis. Sicher ist das nicht einfach.

Die meisten lehnen andere ab, weil sie anders aussehen als wir, eine andere Hautfarbe, Religion oder sexuelle Orientierung haben. Wir möchten, dass jeder so ist, so aussieht, sich so verhält und an das Gleiche glaubt wie wir. Wir lieben andere zwar, aber nur unter bestimmten Bedingungen.

Bedingte Liebe ist schlicht ein Weg, denjenigen Liebe vorzuenthalten, deren Andersartigkeit uns bedroht. Wenn du Liebe zurückhältst, ist es nur ein kleiner Schritt zur Versagung von Rechten oder Gerechtigkeit. Wem auch immer du Liebe vorenthältst, gegenüber dem wirst du schuldig.

Also sei ehrlich zu dir. Wenn du ein Mann bist: Akzeptierst du Frauen, obwohl deine Erfahrung eine andere sein mag als ihre? Wenn du ein Schwarzer bist: Akzeptierst du Weiße, obwohl sich deine Erfahrung von der ihren unterscheidet? Wenn du heterosexuell orientiert bist: Akzeptierst du Schwule und Lesben, obwohl sich deine Erfahrung von der ihren unterscheidet? Kannst du eine andere Erfahrung, einen anderen Glauben und einen anderen Blickwinkel als andere haben und sie dennoch lieben und akzeptieren?

Jeder muss daran arbeiten. Wir alle haben unsere Wege, anderen unsere Liebe und Akzeptanz vorzuenthalten. Wenn wir uns dieser Wege bewusst werden, können wir sie infrage stellen und zulassen, dass unsere Liebe wieder frei fließt.

Geben und Nehmen – das ist die Sprache der Liebe. Das eine führt auf natürliche Weise zum anderen. Wenn du versuchst, Liebe festzuhalten oder eine Mauer um dein Herz zu errichten, durch die du sie nicht mehr empfangen kannst, wirst du dir nur selbst wehtun.

Wenn du dir oder anderen die Wahrheit sagst, nutze die Sprache der Liebe:

- Ermutige, unterstütze und respektiere den anderen, selbst wenn du nicht mit ihm übereinstimmst.
- Sprich mit Liebe in deinem Herzen, ohne den anderen zu verurteilen. Wenn du das im Moment noch nicht kannst, warte, bis du es kannst.
- Strebe keine Übereinstimmung an. Akzeptiere die Unterschiede zwischen euch.
- Verschließe dein Herz nicht und stoße den anderen nicht weg. Sei offen, Liebe in der Form zu empfangen, in der dein Gegenüber in der Lage ist, sie zu geben.
- Enthalte anderen deine Liebe nicht vor. Gib deine Liebe großzügig.

Der Wahrheit ins Auge sehen

Indem du die Wahrheit sagst, bringst du Licht in die Dunkelheit der Bedingtheit. Du machst Verborgenes sichtbar. Du lässt den anderen wissen, was du denkst und fühlst. Du lässt den anderen in deinen Geist und in dein Herz.

Die Wahrheit zu sagen ist eine mutige Tat. Sie ermöglicht uns, eine größere Nähe zueinander zu finden.

Es ist Realität im Leben, dass Gefühle sich verändern und Menschen sich ändern. Wir verlieben uns und bewegen uns von der Liebe füreinander wieder weg. Wir beginnen eine Karriere, erkennen jedoch, dass es nicht das ist, was wir wirklich machen wollen. Wir gehen nach bestem Wissen und Gewissen Verpflichtungen ein, die wir nicht einhalten können.

Wenn du unglücklich bist, musst du deinem Unglücklichsein ins Auge sehen. Du musst die Wahrheit sagen, zunächst dir selbst und dann den anderen, die dein Leben mit dir teilen. Falls es dir miserabel in deiner Ehe oder mit deinem Job geht, kannst du dieses Gefühl nicht ignorieren. Du kannst kein lächelndes Gesicht aufsetzen und vorgeben, für immer glücklich zu sein. Früher oder später musst du der Wahrheit ins Gesicht schauen und sie anderen mitteilen.

Das ist natürlich mit dem Risiko verbunden, dass andere wütend auf dich werden, dich verlassen oder sich dir gegenüber emotional verschließen. Um dieses Risiko möglichst gering zu halten, ist es hilfreich, in der Sprache der Liebe zu sprechen und die Wahrheit in einem sicheren Raum mitzuteilen.

Es kann sein, dass für das Aussprechen der Wahrheit ein Preis zu zahlen ist, doch der Preis für ein Leben in Unehrlichkeit oder Verleugnung ist höher. Wenn du die Wahrheit sprichst, nimmst du deine Freiheit in Anspruch, authentisch und emotional übereinstimmend zu handeln, und räumst anderen die gleiche Freiheit ein. Natürlich ziehen manche Menschen emotionale oder physische Sicherheit der Freiheit vor und sind wahrscheinlich nicht besonders erfreut, wenn du sie zu dieser Freiheit einlädst. Aber das ist ihre Wahl.

Du kannst dich nicht von der Wahl eines anderen abhängig machen. Du musst deine eigene Wahl treffen und anderen ihre Wahl zugestehen.

Verbindlichkeiten sind wichtig, und sie sollten möglichst respektiert werden. Aber du kannst weder jemanden dazu zwingen, dich zu lieben oder bei dir zu bleiben, noch kannst du dich selbst dazu zwingen, bei jemandem zu bleiben, den du nicht mehr liebst. Das würde bedeuten, der Seele beider Menschen Gewalt anzutun.

Liebe und Freiheit gehen immer Hand in Hand. Wenn du wirklich liebst, liebst du offenherzig und bedingungslos.

Die Wahrheit wird dich befreien

Die transformierende Frage lautet: *Spreche ich meine Wahrheit und höre ich auf die Wahrheit anderer?* Das verlangt von uns, Licht in die Schattenbereiche unseres Herzens und unseres Geistes zu bringen – und in die Schattenbereiche unserer Beziehungen. Wir sind gefordert, alles offen auf den Tisch zu legen, damit wir die Freiheit gewinnen, zu entscheiden, was gut für uns ist. Wenn wir merken, dass wir nicht die Wahrheit sagen, hilft uns diese Frage, den Mut dafür zu fassen.

Unausgesprochene Worte können eine Beziehung entgleisen lassen. Die Menschen zeigen sich mit ihren Masken und täuschen vor, glücklich zu sein, wenn sie es nicht sind. Dann geschieht etwas Unerwartetes. Vielleicht eine Affäre oder ein Vertrauensbruch, der aus dem Nichts zu kommen scheint. Das jedoch ist einfach nur der Schatten, der sich zeigt, um anerkannt zu werden.

Wird die Wahrheit nicht als Teil eines organischen Prozesses anerkannt, bricht sie plötzlich und unerwartet hervor. Menschen werden verletzt, verlassen oder betrogen. Alte Wunden werden tiefer und reaktive Verhaltensmuster getriggert. Das ist der Preis der Verleugnung.

Die spirituelle Übung besteht an dieser Stelle darin, die Wahrheit unserer Herzen ins Bewusstsein zu bringen und den Mut zu haben, sie gegenüber denjenigen auszusprechen, die davon betroffen sind. Wenn die Wahrheit ausgesprochen wird, können angemessene Anpassungen in unserem Leben vorgenommen werden. Verbindlichkeiten können erneut besprochen oder überarbeitet werden, damit wir besser in der Lage sind, sie einzuhalten. Die Gestalt unserer Arbeit und/oder Beziehung kann sich verändern, um unsere Bewusstseinsinhalte besser widerzuspiegeln und der Liebe zu erlauben, frei und bedingungslos zu fließen.

Wir können eine Veränderung zulassen, wenn ihre Zeit gekommen ist, anstatt ihr zu widerstehen und die unterschwelligen Gefühle zu unterdrücken, die anerkannt werden wollen. So kann Veränderung sich auf sanftere Weise vollziehen. Unser Leben muss nicht in Stücke brechen, damit die notwendige Veränderung eintreten kann.

Wenn du auf einem spirituellen Weg bist, stellt das Leben in der Verleugnung keine Alternative mehr dar. Du musst verpflichtet sein, in der Wahrheit zu leben, die Wahrheit zu sagen und die Wahrheit anderer zu akzeptieren und zu respektieren.

Die ganze Wahrheit und nichts als die Wahrheit

Du kannst anderen die Wahrheit sagen, ohne ihnen jede Einzelheit mitzuteilen. Lange Geschichten zu erzählen, macht es anderen schwer, den wesentlichen Inhalt zu erfassen. Halte deine Geschichte also kurz und lege den Fokus darauf, was der andere wissen muss. Verschweige auf der anderen Seite aber auch keine Information, die andere brauchen, um zu verstehen, was in dir vorgeht und auf welche Weise sie das betrifft.

Erzähle die ganze Wahrheit, nicht die ganze Geschichte. Spare dabei wichtige Einzelheiten nicht aus. Versuche nicht, die Wahrheit zu verbergen, zu verschleiern oder umzuformen, um sie leichter genießbar zu machen. Manchmal ist die Wahrheit nicht angenehm.

Der Versuch, andere zu beschützen, kann den Schmerz sogar noch in die Länge ziehen. Sei also direkt. Sage es geradeheraus. Sei klar. Sei ehrlich. Sei transparent.

Ist alles offen dargelegt, beginnt das Bewusstsein zu arbeiten. Illusionen werden fallen gelassen. Falsche Annahmen werden berichtigt. Ein neues und ehrlicheres Bild entsteht.

Wahrheit entlastet uns. Sie räumt das Geröll aus dem Weg. Sie macht den Weg frei. Sie gibt uns die Freiheit, ein authentisches Leben zu leben.

Wichtige Gedächtnisstützen

✘ Um die Wahrheit wahrzunehmen, musst du ihr lauschen. Die Wahrheit kommt zu dir, wenn du lange genug bei etwas in Stille verweilst.

✘ Die Wahrheit zu sagen ist eine mutige Tat. Das ermöglicht uns, zu einer tieferen gegenseitigen Vertrautheit zu finden.

✘ Wenn die Wahrheit nicht als Teil eines natürlichen Prozesses geehrt wird, bricht sie plötzlich und unerwartet hervor. Menschen werden verletzt, verlassen oder hintergangen. Das ist der Preis der Verleugnung.

✘ Es gibt eine richtige und eine falsche Zeit, die Wahrheit auszusprechen. Es gibt eine richtige und eine falsche Art und Weise, die Wahrheit auszusprechen.

✘ Wenn du deine Wahrheit sprichst, tue dies in der Sprache der Liebe. Die Sprache der Liebe unterstützt, versteht und respektiert. Sie erhebt andere. Sie zieht sie nicht herunter.

✘ Bitte andere um Akzeptanz, nicht um Übereinstimmung. Liebe beruht nicht auf Übereinstimmung. Sie gründet auf Akzeptanz und gegenseitigem Respekt.

✘ Höre anderen zu, damit sie sich gehört und akzeptiert fühlen. Spar dir deinen »Sermon« dazu. Vermeide es, zu urteilen, zu kritisieren und zu werten, und gib auch kein unerwünschtes Feedback.

DIESE ÜBUNG ERMÖGLICHT:
Einhalten deiner Verbindlichkeiten; vertrauenswürdig sein

○

MANDALA/MEDIZINRAD:
Himmelsrichtung: Süden
Sonnenzyklus: Sommersonnenwende
(20. oder 21. Juni)
Mondzyklus: Vollmond (180°)
Tageszyklus: Mittag (12:00)

ENTWICKLUNGSPROZESS/STADIUM:
Selbstausdruck; dein Licht leuchten lassen

ENERGETISCHER FOKUS:
im Rhythmus bleiben, andere erreichen, erblühen

5

HALTE DEIN WORT

TRANSFORMIERENDE FRAGE:

Bin ich bereit, da zu sein, selbst wenn es schwierig ist?

Dein Wort zu halten, bedeutet, man kann dir vertrauen, dass du da sein wirst, wann und wo du es versprochen hast. Andere können sich auf dich verlassen. Sie wissen, dass du die Dinge zu Ende bringst.

Es gab Zeiten, da wurden Verträge mit Handschlag besiegelt, und man konnte sich darauf verlassen, wenn jemand sein Wort gab. Das schuf Vertrauen und Zuversicht und ermöglichte es den Menschen, sich einfach und effektiv zu betätigen.

Heutzutage haben wir uns weit davon entfernt. Wir misstrauen den Motiven anderer. Wir zweifeln mehr, als wir vertrauen. Wir sehen schwarz, was die Eigenschaft anderer angeht, da zu sein und zu tun, was sie versprochen haben. Wir sind nicht einmal sicher, dass wir selbst da sein können.

Eine Welt, in der Versprechen oft gebrochen werden und Menschen nicht darauf vertrauen können, dass sie füreinander da sind, ist eine harte Welt. Eine Ordnung ist darin kaum zu erkennen. Menschen verbinden sich nicht leicht miteinander. Loyalität ist rar. Wie kann man in einer solchen Welt leben und arbeiten?

Du und ich, wir haben eine Wahl. Wir können entscheiden, ob wir bereit sind, unseren Worten Taten folgen zu lassen. Wir können durch unsere Taten zeigen, dass andere uns vertrauen und auf uns bauen können. Wir können entscheiden, ob wir der vertrauenswürdige Freund, Mitarbeiter oder Ehepartner sein wollen, der wir gerne wären.

Heutzutage haben Worte wenig Gewicht. Menschen sagen eine Menge Dinge, die sie nicht wirklich meinen. Sie geben Versprechen, die sie nicht einhalten können. Sie enttäuschen andere. Sie enttäuschen sich selbst.

Sei du kein solcher Mensch. Nutze die spirituelle Übung in diesem Kapitel als Werkzeug, um gegenwärtig und verbindlich im Hinblick auf Menschen und Angelegenheiten zu sein, die dir wichtig sind. Nutze sie, um Vertrauen aufzubauen und kontinuierlich jemand zu sein, der sein Wort hält.

Wenn du die transformierende Frage stellst: *Bin ich bereit, da zu sein, selbst wenn es schwierig ist?,* dann erinnerst du dich daran, dass du in jedem Augenblick die Wahl hast. Du entscheidest dich nicht nur ein oder zwei Mal, sondern Hunderte von Malen jede Woche.

Selbstüberschätzung im Gegensatz zu Realismus

Manche Menschen plustern sich auf. Sie machen großartige Pläne, die sie nicht umsetzen, und übertriebene Versprechungen, die sie nicht einhalten können. Nach einer Weile merken die anderen, dass sie miese Schauspieler sind. Sie reden schön. Sie wissen, wie sie andere bestechen können, wie sie Erwartungen wecken und andere melken können.

Zum Leidwesen anderer können sie nicht einlösen, was sie versprochen haben. Die Blase platzt. Die heiße Luft tritt aus dem Ballon aus, der platt auf die Erde zurückfällt. Andere Menschen sind enttäuscht. Vielleicht werden sie sogar böse.

Sei kein aufgeblasener Möchtegern. Blas dich nicht auf und mach keine Versprechen, die du nicht einhalten kannst. Erkenne dein großes Getue, bevor andere ihm zum Opfer fallen.

Frage dich: *Kann ich das wirklich einhalten, oder beschwöre ich nur große Erwartungen herauf? Mache ich große Versprechungen, um die Aufmerksamkeit anderer zu bekommen? Mache ich große Worte und nur kleine Schritte?*

Wenn dem so ist, mäßige deine Worte und vergrößere deine Schritte. Versprich weniger. Gib mehr. Biete den Leuten einen kleinen Hamburger an und tauche später mit einem Riesenburger auf. Übertriff die Erwartungen. Gib mehr, als du versprichst. Dann wirst du Vertrauen erwecken. Die Menschen werden sich freuen, dich zu sehen. Anstatt zu sagen: »Hier kommt der Möchtegern«, werden sie sagen: »Hier kommt der Kerl mit dem hervorragenden Hamburger.«

Du möchtest nicht, dass die Leute jedes Mal, wenn sie dich sehen, fragen: »Wo bleibt denn jetzt das Rindfleisch?« Zeig ihnen das Rindfleisch. Nähre sie gut, und sie werden dich lieben und respektieren. Dein Ruf wird wachsen – und dein Geschäft auch. Handle nicht wie jemand, der andere enttäuscht. Daraus kann nichts Gutes entstehen.

Das beste Rezept für einen, der leere Versprechungen macht, lautet: »Halte deinen Mund. Überzeuge mit deinen Taten, nicht mit deinen Worten. Zeige, dass du es ernst meinst.« Irgendwann werden die Leute dem Aufmerksamkeit schenken.

Suche nicht nach Anerkennung. Heimse nicht die Lorbeeren ein, egal, wie sehr du dir das wünschst. Sei einfach da und tue, was getan werden muss. Hacke Holz, schleppe Wasser. Arbeite freiwillig in der Suppenküche. Sei bescheiden und trage zu etwas bei. Tue deinen Teil, ohne Aufmerksamkeit zu beanspruchen. Gib ohne die Erwartung, etwas zurückzubekommen. Wenn du von Herzen gibst, kurbelst du den Prozess ursprünglicher Fülle an. Menschen respektieren, wie du dich einsetzt, und beginnen, dich zu schätzen. Die Energie und die Dynamik wachsen und kehren schlussendlich zu dir zurück. Du erhältst die Anerkennung, die du dir wünschst, aber jetzt verdienst du sie auch.

Früher hast du große Töne gespuckt, aber du konntest deinen Worten keine Taten folgen lassen. Jetzt redest du bescheidener und tust mehr. Jetzt sprechen deine Taten eine deutlichere Sprache als deine Worte.

Welche Gangart legst du an den Tag?

Manche Menschen haben es sehr eilig. Sie haben ein straffes Programm und versuchen so angestrengt, ihre Aufgaben zu erledigen, dass sie den Weg dorthin nicht sonderlich genießen. Sie haben selten Zeit, um im Garten zu sitzen und wahrzunehmen, dass der Regen die Farbe des Grases satter werden ließ oder dass die Blumen blühen. Ihr Weg ist voller Stress. Womöglich sind sie sogar arbeitssüchtig.

Andere sind wenig motiviert. Sie sitzen im Garten mit einem Joint oder einer Flasche Wein, und ihr einziger Spaziergang führt gerade mal von ihrer Wohnung in den Garten. Manchmal schaffen sie es nicht einmal aus ihrer Wohnung heraus.

Das sind zwei Extreme. Keines von beiden ist gesund.

Wie sieht deine Gangart aus? Ist sie eher hektisch und gestresst oder faul und gelangweilt? Springst du aus dem Bett direkt in das Hamsterrad oder kämpfst du damit, morgens überhaupt aus dem Bett zu kommen?

Menschen, die zu viel oder zu wenig arbeiten, sind von Kindheitswunden gesteuert. Ihnen fehlt es in der Regel an Selbstbewusstsein. Entweder sie glauben, sie seien nicht in der Lage, zu handeln, und versuchen es gar nicht erst, oder sie glauben, sie müssten etwas tun, und tun es aus Pflichtbewusstsein oder als Opfer.

Der beste Weg, um das Gehen zu lernen, ist der, Babyschritte zu machen. Die meisten Menschen mit wenig Selbstbewusstsein wissen nicht, wie sie es anstellen sollen. Sie haben oft grandiose Ideen. Sie versuchen zu rennen, bevor sie gelernt haben zu gehen, und fallen dabei immer wieder auf die Nase. Dieses selbstzerstörerische Verhaltensmuster vertieft nur ihr Minderwertigkeitsgefühl und hält sie in einem Kreislauf des Versagens gefangen. Diese Menschen müssen lernen, realistische und kurzfristige Ziele anzustreben. Sie müssen erst lernen, auf allen vieren zu krabbeln, bevor sie das Gehen lernen.

Diejenigen, die ihren Selbstwert unter Beweis zu stellen versuchen, indem sie unaufhörlich arbeiten und/oder sich um andere kümmern, haben eine andere Lektion zu lernen. Oft haben sie zunächst großen Erfolg, weil sie wissen, wie sie etwas erreichen können. Im Eiltempo durchlaufen sie die Phase der Babyschritte und sind in null Komma nichts im Rennen. Sie wissen aber nicht, wie sie aus dem Karussell aussteigen können. Sie werden süchtig und bleiben so lange auf dem Karussell, bis sie abgeworfen werden. Selbst dann werden sie, nachdem sie zu Hause für ein paar Tage ihre Wunden geleckt haben, gleich wieder aufspringen. Sie verlangen förmlich nach Bestrafung.

Sie müssen damit aufhören, herumzuwirbeln, bis sie schwindlig und erschöpft sind. Sie müssen sich zentrieren und sich erst einmal Zeit für sich selbst nehmen. Während sie nach innen schauen, erkennen sie, dass sie nicht glücklich sind, weil sie ja nicht das tun, was sie gerne tun möchten. Sie opfern sich auf und suchen die Liebe und Anerkennung anderer.

Beide, sowohl derjenige, der mit seinen Leistungen hinter den Erwartungen zurückbleibt, als auch jener, der zu leistungsorientiert ist, müssen lernen, Babyschritte zu machen. Sie müssen sich auf das einstimmen, was sich für sie richtig anfühlt, und beginnen, kleine Schritte in diese Richtung zu machen. Beide haben keine solide Gangart in ihrem Leben entwickelt.

Das Gehen lernen

Hier sind einfache Richtlinien, um das Gehen zu lernen:

✖ Entscheide, was dein Ziel ist und wohin du gehen willst.

✖ Bewege dich in kleinen Schritten darauf zu.

✖ Wenn du stürzt, krabble so lange weiter, bis du wieder aufstehen kannst.

✖ Bleibe auf das Ziel ausgerichtet und gehe oder krabble weiter, bis du es erreicht hast.

✖ Falls du es nicht erreichen kannst, setze dir ein realistischeres Ziel.

✖ Wenn du dein Ziel erreicht hast, setze dir ein neues Ziel.

- ✳ Gehe mit etwas größerem Selbstbewusstsein voran. Entwickle Eigendynamik.
- ✳ Sobald du gut darin bist, kurzfristige Ziele zu erreichen, setze dir längerfristige Ziele.
- ✳ Bleibe konzentriert und geerdet. Baue auf deinem Erfolg auf.

Ich weiß, dass diese Regeln wahrscheinlich zu simpel für dich klingen. Ich kann dir aber versichern: Diese Regeln werden von glücklichen und erfolgreichen Menschen befolgt. Solltest du nicht glücklich und erfolgreich sein, dann befolgst du diese Regeln wahrscheinlich nicht.

Deine Worte und Taten in Einklang bringen

Deine Worten und Taten miteinander in Einklang zu bringen, hilft dir, in Übereinstimmung mit dir selbst zu sein und in deine Kraft zu kommen. Wenn du beobachtest, wie Kinder aufwachsen, wirst du sehen, dass sie erst zu sprechen versuchen, bevor sie das Gehen lernen. Das ist in Ordnung. Das ist eine gute Übung. Aber du nimmst ein Kind nicht wirklich ernst, bevor Worte und Taten Hand in Hand gehen.

Wenn das Kind »Eiscreme« sagen kann, zum Kühlschrank krabbelt und die Tür öffnet – wobei du feststellst, dass sich darin auch einige andere Sachen befinden, die es gerne probieren würde, zum Beispiel die Flasche Essig oder Schnaps –, dann weißt du, dass seine Worte und seine Handlungen miteinander verknüpft sind. Sobald das der Fall ist, solltest du besser aufpassen.

Das Wort und die Tat miteinander zu verbinden, ist kraftvoll. Eltern müssen frühzeitig ein Gefühl dafür bekommen. Sie müssen sichere Grenzen errichten, bevor das Kind heranwächst und nach den Autoschlüsseln fragt.

Indem wir unsere Worte in die Tat umsetzen, beginnen wir, Einfluss auf unsere Umwelt zu nehmen. Unser Wille setzt sich in Bewegung. Wir werden zu aktiven Schöpfern unseres eigenen Lebens. Sofern das nicht geschieht – wenn wir sprechen lernen, aber nicht gehen –, ist das sehr tragisch.

Es ist auch eine Tragödie, wenn wir einen Weg gehen, der nicht wirklich unserer ist und der an ein Ziel führt, das mit unserem Lebensziel im Widerspruch steht. Manche Menschen verbringen ihr ganzes Leben mit einem Job, der eigentlich für einen anderen bestimmt ist. Das ist traurig.

Um wirklich dein Wort zu leben, musst du wissen, wer du bist und was du willst. Du musst dir realistische Ziele setzen und dich stetig darauf zubewegen. Falls du auf Schwierigkeiten stößt, musst du lernen, dir einen Weg durch sie hindurchzubahnen. Du kannst nicht einfach aufgeben, nur weil eine Hürde auftaucht oder die Dinge sich nicht so entwickeln, wie du es gerne hättest.

Du musst geduldig und zielstrebig sein. Du musst trotz der Schwierigkeiten durchhalten. Du musst deine Versprechen einhalten und da sein, wo und wann du es versprochen hast. Die Leute müssen sich auf dich verlassen können. Du musst Vertrauen, Respekt und Loyalität aufbauen.

Ich behaupte nicht, das sei einfach. Das ist es nicht. Aber es ist das, was du brauchst, um deinen Lebenszweck zu erkennen und ihn umzusetzen. Solange du nicht bereit bist, dafür einzustehen, ganz egal, was auf dich zukommt, können deine Träume nicht wahr werden.

Die transformierende Frage anwenden

Die transformierende Frage *Bin ich bereit, da zu sein, selbst wenn es schwierig ist?* hilft uns zu verstehen, dass das Leben uns manchmal herausfordern wird. Manchmal können wir unsere Ziele nicht ohne Weiteres erreichen. Wir müssen uns aufraffen und sehr anstrengen, um ein Essen auf den Tisch zu bekommen. Wir können uns nicht einfach zurücklehnen und darauf warten, dass es uns auf einem Silbertablett serviert wird.

Manchmal musst du mit unvorhergesehenen Hindernissen und Herausforderungen fertig werden. Falls du nicht bereit bist, geduldig zu sein und sorgfältig an dem zu arbeiten, was du möchtest, ist die Wahrscheinlichkeit groß, dass du es nicht schaffen wirst. Alle deine Entschuldigungen werden dir nichts nützen. Wenn du nicht erscheinst, zählt deine Stimme nicht.

Nimm den aufsteigenden Widerstand in dir wahr. Es gibt Zeiten, in denen du einfach keine Lust hast, dich einzusetzen. Du bist vielleicht müde oder deprimiert oder sehnst dich nach Zerstreuung. Du wirst keine Lust haben, zum Unterricht, zur Arbeit oder mit deinem Lebensgefährten zu der Wohltätigkeitsveranstaltung zu gehen. Du wirst alles tun, um dich davor zu drücken.

Die 50-Millionen-Frage ist: Kannst du auch etwas durchziehen, obwohl du keine Lust darauf hast? Es ist leicht, etwas zu tun, was du tun willst. Geprüft wirst du, wenn du keine Lust hast. Und es ist entscheidend, diesen Test zu bestehen.

Ich erinnere mich an eine kalte, windige Nacht, als ich in Santa Fe lebte und keine Lust hatte, zur Affinity-Gruppe zu gehen. Ich wollte weiter am Kaminfeuer sitzen und das Fußballspiel anschauen. Ich überlegte, ob ich einen Teilnehmer der Gruppe anrufen und ihn bitten sollte, die Gruppe an meiner Stelle zu leiten. Dann aber merkte ich, dass ich einen Widerstand aufgebaut hatte und es wichtig war, ihn zu überwinden. Also zog ich meinen Wintermantel an und ging hinaus.

Also, es wurde die beste Affinity-Gruppe, die ich je erlebt habe. Die Mitteilungen kamen so von Herzen und waren so authentisch, dass sie mein Herz zum Schmelzen brachten. Ich wusste, ich war am rechten Ort. Und ich war froh über meine Willenskraft, meine Verpflichtung einzuhalten. Wäre ich dazu nicht bereit gewesen, wäre mir eine wichtige Erfahrung entgangen. Ich hätte mich selbst verraten und andere enttäuscht.

Natürlich verstehe ich, dass es Zeiten gibt, in denen man seine Verpflichtungen einfach nicht einhalten kann und es anderen ehrlich mitteilen muss. Das aber war keine solche Situation. Das war eine Situation, in der ich die Wahl hatte, mein Versprechen zu halten oder eben nicht. Diese Wahl war bedeutsam. Es war ein entscheidender Moment.

Auch du wirst solche Zeiten erleben. Situationen, die eine Herausforderung für dich darstellen, Widerstand in dir erzeugen und in denen du dich nicht beweisen und die Verpflichtungen, die du eingegangen bist, nicht einhalten möchtest. Und dies werden auch für dich entscheidende Momente sein.

Jeder wird geprüft. Manchmal bestehen wir die Prüfung, manchmal nicht. Wenn nicht, bleibt zu hoffen, dass wir nicht aufgeben, sondern aus unseren Fehlern lernen und unser Versprechen erneuern. Hoffentlich verpflichten wir uns erneut den Zielen und Beziehungen, die wirklich wichtig für uns sind. Hoffentlich lernen wir, uns für uns selbst und andere einzusetzen.

Du kannst nicht auf einem spirituellen Weg sein, solange du immer Ausreden findest, warum du deine Aufgabe nicht erfüllen kannst. Du kannst kein spiritueller Schüler sein, wenn du nicht bereit bist, dein Wort zu halten.

Und du kannst kein Vorbild für andere sein, wenn du deine Versprechen nicht einhältst. Dein Wort muss wie Gold sein. Die Leute müssen deinem Wort vertrauen können und wissen, dass es mit deinen Taten im Einklang ist.

Eine große Lehrerin ist geduldig und bescheiden. Sie nimmt sich die Zeit, die sie braucht, um das Gehen zu lernen. Sie macht anderen keine großen Versprechungen, ist aber immer da. Ihre Taten sagen mehr als ihre Worte. Sie lenkt die Aufmerksamkeit nicht auf sich, sondern zollt anderen Anerkennung. Die Menschen freuen sich, mit ihr zusammen zu sein, weil ihr Licht hell und ihr Herz offen ist. Ihre Präsenz wirkt aufbauend im Leben anderer.

Wichtige Gedächtnisstützen

✖ Du wirst an den Punkt kommen, zu entscheiden, ob du dein Wort hältst oder nicht und ob du die Versprechen einhältst, die du gegeben hast. Du entscheidest, ob du vertrauenswürdig bist oder nicht. Niemand kann dich dazu zwingen, dich für etwas zu engagieren, wenn du es nicht willst.

✖ Hüte dich vor Überheblichkeit. Sie ist unehrlich und irreführend. Gib keine Versprechen, die du nicht einhalten kannst. Mäßige deine Worte und lege mehr Kraft in deine Taten. Versprich weniger. Erfülle mehr.

✖ Die Frage ist: Kannst du zu deinem Wort stehen, auch wenn du keine Lust dazu hast? Das ist die 50-Millionen-Frage. Es ist leicht, etwas zu tun, wenn du Lust dazu hast. Geprüft wirst du aber, wenn du keine Lust darauf hast.

✖ Du kannst nicht auf einem spirituellen Weg sein, wenn du immer Ausreden findest, warum du keinen Einsatz bringen kannst. Du kannst kein spiritueller Schüler sein, wenn du nicht bereit bist, dein Wort zu halten. Und du kannst kein Vorbild für andere sein, wenn du deine Versprechen nicht einhältst. Dein Wort muss wie Gold sein. Die Leute müssen deinem Wort vertrauen können und wissen, dass es mit deinen Taten im Einklang ist.

DIESE ÜBUNG UNTERSTÜTZT:
Kreativität und das Erfüllen des Lebenszwecks

MANDALA/MEDIZINRAD:
Himmelsrichtung: Südwesten
Sonnenzyklus: um den 5. August
Mondzyklus: abnehmender Mond (225°)
Tageszyklus: Nachmittag (15:00)

ENTWICKLUNGSPROZESS/STADIUM:
Unterscheidungsfähigkeit; die Spreu vom Weizen trennen

ENERGETISCHER FOKUS:
ernten, die Früchte pflücken

6

FOLGE DEINEM HERZEN

TRANSFORMIERENDE FRAGE:

Ist es das, was ich wirklich tun möchte?

Du weißt immer, wann dein Herz an etwas beteiligt ist und wann nicht. Wenn du mit dem Herzen dabei bist, bist du voller Energie und Begeisterung. Du freust dich auf jeden neuen Tag und die Gelegenheiten, die er mit sich bringt. Du betrachtest Hindernisse als schöpferische Herausforderung. Insgesamt ist deine Haltung positiv und hoffnungsvoll.

Umgekehrt fehlen dir die Energie und Motivation, sobald dein Herz nicht bei der Sache ist. Du nimmst dich selbst als schwerfällig, gelangweilt oder sogar deprimiert wahr. Du kannst es nicht erwarten, bis es endlich 17 Uhr wird – oder das Ende deines Arbeitstages gekommen ist –, und freust dich nicht auf den nächsten Tag, es sei denn, er wäre der Beginn eines Wochenendes. Hindernisse belasten dich schwer, deine allgemeine Haltung ist bestenfalls neutral, schlimmstenfalls negativ. Vielleicht bist du sogar abgespannt und denkst pessimistisch über dein ganzes Leben.

Wenn du dir beide Ergebnisse ansiehst, kommst du nicht umhin zu fragen: Warum folgt nicht jeder seinem Herzen? Die Antwort hat nichts Esoterisches. Vielen Menschen ist ihre Sicherheit wichtiger als alles andere. Sie sind bereit, sich des regelmäßigen Gehalts und der Sozialleistungen wegen selbst zu betrügen. Sie scheuen davor zurück, Risiken einzugehen, weil sie ihre Sicherheit nicht gefährden wollen.

Die meisten Menschen werden nicht dazu ermutigt, ihre Talente und Gaben zu entdecken und zu entwickeln. Sie werden nicht darin unterstützt, für ihre Bedürfnisse einzustehen oder ihre innerste Bestimmung zu erfüllen. Kreativität wird als schön empfunden, aber auch als etwas, das aller Wahrscheinlichkeit nach kein Brot auf den Tisch bringt. Eltern und andere Autoritätsfiguren versuchen, junge Menschen in die bewährte Form zu pressen, damit diese Akzeptanz finden und sich ihren Lebensunterhalt verdienen können. Der junge Maler wird angespornt, ein Börsenmakler zu werden. Der Musiker wird unter Druck gesetzt, Jura zu studieren.

Die Gesellschaft erwartet von uns, dass wir uns anpassen und an den bewährten Institutionen beteiligen. Sie steht allem Neuen oder Ungewöhnlichen skeptisch gegenüber. Selbst in Amerika, wo Innovation gefeiert wird, wird der Zusammenhang zwischen unkonventionellem Sein und der Einführung von Neuerungen nicht erkannt oder wertgeschätzt. Niemand stellt diesen Zusammenhang her – außer der Name und Ruhm setzen es voraus. Den Reichen wird hier auch dann gehuldigt, wenn sie eigenartig sind.

Die Wahrheit ist, dass jeder »eigenartig« ist. Jeder Mensch besitzt eine einzigartige kreative Blaupause. Er ist hier mit dem Potenzial, vollkommen er selbst zu werden und sein schöpferisches Potenzial zu erfüllen. Das bedeutet natürlich, dass sein Leben nicht dem Leben anderer gleichen wird.

Nur wenige werden mit dem kreativen Drang geboren, ihre einzigartigen Talente auszudrücken, egal, was kommen mag. Die meisten lernen, aufzugeben und sich mit weniger zu begnügen. Sie ergreifen den erstbesten Beruf oder die erstbeste Heiratschance, die sich ihnen bietet. Sie glauben: Das ist besser als nichts. Sie geben sich zufrieden.

Nach zwanzig oder dreißig Jahren wachen sie auf und fragen sich: Was habe ich nur gemacht? Warum habe ich einen Beruf akzeptiert, der nicht meinem Herzen entspricht? Warum habe ich eine Beziehung mit jemandem akzeptiert, mit dem ich keine wirkliche Nähe erleben konnte?

Natürlich bedeutet das nicht, dass dieser Selbstbetrug reine Zeitverschwendung ist. Manchmal müssen wir zum Ende der Sackgasse gelangen, um zu erkennen, dass es der falsche Weg war. Das ist eine hilfreiche Information. Unser Selbstbetrug führt letztendlich zum Erwachen. Wir brauchen also nicht die Vergangenheit zu beklagen. Wir können unsere Lektionen daraus lernen.

Die transformierende Frage *Ist es das, was ich wirklich tun möchte?* hilft uns zu verstehen, ob wir uns immer noch auf das Ende der Sackgasse zubewegen oder ob wir schon begonnen haben, unsere Richtung zu ändern, um eine Wahl treffen zu können, die uns ehrt. Wenn wir die Frage mit einem Nein beantworten, erkennen wir, dass wir anhalten und umkehren müssen. Die Frage weckt uns auf. Das bedeutet für uns: Schluss mit dem Selbstbetrug! Folge deinem Herzen!

Was dein Herz begehrt

Wenn du zwanzig oder dreißig Jahre lang im Selbstbetrug gelebt hast, in dem Versuch, anderen zu gefallen und das Leben zu leben, das sie von dir erwarten, ist es manchmal schwierig, mit dem in Berührung zu kommen, was du möchtest. Du musst dich entschieden dazu verpflichten, es herauszufinden, und mit dem Prozess Geduld haben.

Fürchte dich nicht davor, die transformierende Frage mit den Worten »Nein, das ist nicht das, was ich tun möchte« zu beantworten. Das ist der erste Schritt. Jahrelang hast du mit Ja geantwortet, weil du wolltest, was andere für dich wollten. Du wolltest Mama und Papa, dem Ehepartner und den Nachbarn gefallen. Du dachtest, Selbstbetrug sei in Wahrheit Selbstlosigkeit. Du dachtest, du folgtest einem höheren Ruf, und so hast du selbstverständlich mit Ja geantwortet.

Jetzt weißt du, dass das absoluter Mist war. Es war kein höherer Ruf, dich selbst zu betrügen. Andere haben von deinem Selbstbetrug nicht wirklich profitiert, und du hast die Chance aufgegeben, dein Leben auf deine eigene Weise zu leben. Das war kein wirklich gutes Geschäft. Du hast dich selbst belogen und musstest dir diese Lüge glauben, um es tun zu können.

Das ist jetzt aber egal. Quäle dich nicht wegen Entscheidungen, die du unbewusst getroffen hast. Sei dankbar für die Vergangenheit, die dir aufgezeigt hat, was nicht funktionierte. Jetzt kannst du das für dich beanspruchen, was funktioniert. Jetzt kann Selbstbetrug nur noch bewusst geschehen. Du musst dir bewusst sein, dass du deine Macht abgibst, und es trotzdem tun. Ich glaube: Jetzt, nachdem du den Weckruf gehört hast, wirst du nicht mehr so töricht sein.

Nun ist für dich die Zeit gekommen, dich zu ehren und deinen Lebenszweck hier auf Erden zu erfüllen. Das bedeutet, keine Arbeit oder Beziehung zu beginnen, die dich nicht ehrt. Erlaube es dir. Unterscheide und greife nach dem, was du willst. Gib dich nicht mit weniger zufrieden.

Wir leben in einer Zeit, in der du sein musst, wer du bist, und in der du aufhörst, so zu sein, wie die anderen dich haben möchten. Lass alte Beziehungen los, die deinen Selbstbetrug unterstützt haben. Pflege neue Beziehungen, die deine schöpferische Freiheit, Einzigartigkeit und Selbstverwirklichung bestätigen und feiern. Löse dich von der alten, funktionsgestörten Familie, die dich an der Vergangenheit festnageln will. Finde die neue spirituelle Familie, die dir helfen wird, neu geboren zu werden.

Die Bestimmung einer jeden Raupe ist es, ein Schmetterling zu werden. Wenn sie sich in den Kokon begibt, hört sie auf, eine Raupe zu sein. Das ist eine grundlegende und unabänderliche Entscheidung. Sie kann nicht mehr zurück. Sie muss den Durchbruch schaffen, ihre Flügel wachsen lassen und fliegen lernen.

Das Gleiche gilt auch für dich. Sobald du einmal erwacht bist und deinen Selbstbetrug erkennst, kannst du nicht mehr so weitermachen. Das alte Selbst stirbt, und das neue, wahre Selbst wird geboren.

Mit deinem Verlangen in Verbindung stehen

Der Begriff »Verlangen« hat einen schlechten Beigeschmack in der westlichen Spiritualität. Die alte calvinistische Tradition verlangt von uns, unser Verlangen, insbesondere das sexuelle Verlangen, zu überwinden. Sex wird als nicht gut erachtet, es sei denn in der Ehe, und selbst da ist er nicht wirklich gut. »Das Fleisch ist schwach.« Solange du »es« aus Pflichtbewusstsein machst, geht es in Ordnung. Wenn du aber Spaß daran hast, wirst du sündigen.

Was für eine seltsame Art, zu denken und zu leben, findest du nicht auch? Falls du denkst, dass der Körper schlecht und Sex Sünde ist, wirst du dein Leben wahrscheinlich nicht sonderlich genießen. Vielleicht wirst du sogar mit vielen Schichten der Angst und Schuldgefühle durchs Leben gehen.

Es ist an der Zeit, zu verstehen, dass das Verlangen die Lebensgrundlage darstellt. Ohne Verlangen gibt es keine Energie, keine Motivation, keine Erfahrung. Verlangen bringt die Weltkugel dazu, sich zu drehen. Es bringt das Herz zum Schlagen. Es befähigt dich, dich einzusetzen und deinen Lebenssinn zu erfüllen. Rede es schlecht, verurteile es und versuche dich davon abzuschneiden – was dir bleibt, ist eine billige Ausrede für das Leben. Dann kleidest du dich am besten gleich in Schwarz und gehst zur Beerdigung. Was sollst du denn sonst machen?

Die Alternative besteht natürlich darin, den Körper anzunehmen sowie die Erde und ihre Kreaturen zu lieben. Genieße deine Sexualität und verstehe, dass sie Teil der schöpferischen Energie des Universums ist. Deine Aufgabe als menschliches Wesen besteht nicht darin, dem zu widerstehen, der du bist, oder deine Energie zu verleugnen, sondern zu sein, wer du bist, und deine Energie auf eine Weise zu lenken, die dich zur Erfüllung führt.

Kannst du dir eine Welt vorstellen, in der sich jeder beschwingt statt ausgebremst fühlt? Das wäre eine weit interessantere und dynamischere Welt als die, die wir haben. Ein Leben, das voll gelebt wird, ist nicht trocken und langweilig. Es ist reizvoll und aufregend.

Was für ein Leben willst du? Möchtest du mit der Kraft deines Verlangens in Verbindung sein und dich für deinen schöpferischen Prozess einsetzen? Oder möchtest du dich deinem Verlangen widersetzen und nur aus Pflichtgefühl Einsatz zeigen? Möchtest du Erfüllung oder Aufopferung? Es liegt wirklich an dir. Es ist deine Wahl.

Die Menschen zahlen einen hohen Preis dafür, ein Leben in der Verleugnung und Aufopferung zu führen. Sie werden völlig von der Kraft des Verlangens abgeschnitten. Sie haben keine Ahnung, was sie wollen. Wenn du ihnen die transformierende Frage stellst: »Ist es wirklich das, was du tun möchtest?«, haben sie keine Ahnung. Sie wissen, was andere von ihnen möchten, aber nicht, was sie selbst wollen.

Sei nicht überrascht, wenn du einer von ihnen bist. In diesem Fall musst du mit den Grundlagen beginnen. Hier ein paar Fragen, damit du in die Gänge kommst:

- ✖ Magst du Vanille-, Schokoladen- oder Erdbeereis?
- ✖ Wenn du diese Geschmacksrichtungen nicht magst: Welchen Geschmack magst du?
- ✖ Falls du kein Eis magst: Welche Speise magst du?
- ✖ Wenn du das Essen nicht magst: Was magst du dann?
- ✖ Wenn du gar nichts magst: Was magst du daran?

Bist du in der Lage, eine dieser Fragen klar und ohne Zögern zu beantworten? Ja? Dann gibt es Hoffnung für dich. Wenn nicht, musst du sofort aufhören, dieses Buch zu lesen, und folgende Nummer wählen: *112 – HILFE …!* Das ist natürlich ein Scherz! Ruf nicht an! Du musst deine eigene Nummer finden und anrufen. Du musst herausfinden, was du wirklich magst, wonach dich verlangt, was du willst und was dir am Herzen liegt, was dich reizt und was für dich interessant ist.

Frage dich: *Was macht mir am meisten Spaß? Was bereitet mir Freude und Vergnügen? Wofür kann ich mich am meisten begeistern und wofür setze ich mich am liebsten ein?* Wann immer du eine Antwort darauf hast, finde einen Weg, danach zu handeln. Folge deinem Herzen – oder wie Joseph Campbell empfahl: »Folge deinem Glück.«

Falls keine Antwort auftaucht, fahre fort, die Fragen zu stellen. Wenn dein Herz begreift, dass diese Fragen bleiben, werden die Antworten allmählich kommen.

In Freude und Fülle leben

Wenn du beginnst, dich zu ehren, steht die Energie des Universums hinter dir. Sie kann dir so lange nicht wirklich Rückendeckung geben, wie du in Aufopferung oder Selbstbetrug lebst. Das kann sie einfach bei niemandem unterstützen.

Stell dir vor, du wärst ein Fluss und würdest dich weigern zu fließen. Wie könnte das Universum dir helfen? Wie könnte dich das Gravitationsgesetz unterstützen? Das ergibt einfach keinen Sinn. Flüsse müssen zum Meer fließen. Menschen müssen in Freude und schöpferischer Erfüllung leben.

Du verbrauchst eine enorme Menge an Energie damit, deinem Leben zu widerstehen. Gibst du deinen Widerstand auf, wird diese Energie frei, um dich voranzubringen. Wenn du dich ehrst, bewegst du dich im Fluss universeller Energie. Du fließt mit dem Strom, statt zu versuchen, flussaufwärts zu schwimmen. Dein Leben wird einfacher. Dinge, die schwierig waren, gehen nun ganz leicht von der Hand, ohne Anstrengung oder großen Aufwand.

Wenn du das nicht glaubst, versuche es einmal mit Kleinigkeiten. Erlaube dir, das zu haben, was du wirklich willst, und schau, wie es sich anfühlt. Höre auf, dir Liebe und Akzeptanz vorzuenthalten. Genieße es, deine Bedürfnisse zu stillen. Fühle dich deshalb nicht schuldig. Tu es einfach und freue dich daran. Schau mal, was passiert.

Stelle die transformierende Frage *Ist es das, was ich wirklich will?*, und wenn die Antwort »Ja« ist, tu es. Lautet die Antwort »Nein« , dann lass es. Stelle diese Frage häufig, damit du dich fortlaufend darauf einstimmen kannst, was du willst und brauchst.

Mit der Zeit wirst du Ergebnisse sehen. Du wirst dich besser und mit anderen wohler fühlen. Du wirst freudiger und erfüllter sein. Du wirst zu der Einsicht kommen, dass es dir Auftrieb gibt, wenn du für dich sorgst, und dass es dir und anderen Kraft und Freude bringt.

Je mehr du dich der Aufgabe verschreibst, dich zu ehren, desto mehr wird der Strom deines Lebens an Dynamik gewinnen. Du wirst dich mit mehr Begeisterung auf deine Erfüllung zubewegen. Du wirst dich auf deine Ziele konzentrieren und in der Lage sein, sie zu erreichen. Du wirst beginnen, in allen Bereichen deines Lebens Fülle zu erfahren. Das sind die Früchte dieser Übung.

Wichtige Gedächtnisstützen

⚹ Dein Verlangen ist die Quelle der Energie, die dich in Bewegung setzt. Lerne, sie wertzuschätzen und mit ihr in Verbindung zu sein. Zu wissen, was du willst, und dementsprechend zu handeln, ist nicht egoistisch. Es dient der Verwirklichung deiner selbst und bringt zunächst dir selbst und dann anderen Energie und Freude.

⚹ Aufopferung und Anstrengung sind der Maßstab für Misserfolg. Freude und Fülle sind der Maßstab für Erfolg.

⚹ Höre auf, dich selbst zu betrügen. Höre auf, dich zu zwingen, etwas zu tun, was du nicht tun möchtest.

⚹ Beginne damit, dich zu ehren. Gib dir die Erlaubnis, das zu haben, was du wirklich möchtest und brauchst.

⚹ Sei dir selbst treu und verpflichtet.

⚹ Nähre deine schöpferischen Talente und Gaben und bringe sie zum Ausdruck.

⚹ Lasse zu, dass du erblühst und leuchtest. Darum bist du hier.

DIESE ÜBUNG UNTERSTÜTZT:
inneren Frieden; ein Leben in Gnade

◑

MANDALA/MEDIZINRAD:
Himmelsrichtung: Westen
Sonnenzyklus: Herbst-Tagundnachtgleiche
(22. oder 23. September)
Mondzyklus: Dreiviertelmond (270°)
Tageszyklus: Sonnenuntergang (18:00)

ENTWICKLUNGSPROZESS/STADIUM:
Integration, Harmonisierung

ENERGETISCHER FOKUS:
Verlangsamung; sich sammeln

7

SEI IN FRIEDEN

TRANSFORMIERENDE FRAGE:

Kann ich das tun, ohne mich selbst zu stressen?

Jesus hieß uns, »in der Welt zu sein, aber nicht von der Welt«. Wir sind gefordert, nicht in Selbstbetrug zu leben oder uns im Drama von Scham und Schuld zu verlieren, sondern uns individuell zu entwickeln, in unsere Kraft zu kommen und ein Licht für andere zu sein.

Die transformierenden Fragen dieses und des vorhergehenden Kapitels sollten zusammen bzw. direkt nacheinander gestellt werden.

Zunächst fragen wir: *Ist es das, was ich wirklich tun möchte?*, und wenn die Antwort »Ja« ist, fragen wir: *Kann ich das in einem emotional friedlichen Zustand tun, ohne mich zu stressen?*

Was wir tun, muss von Herzen kommen und authentisch sein. Aber all das ist bedeutungslos, wenn wir versuchen, es auf eine gestresste Art zu tun. Der Zweck und die Mittel müssen übereinstimmen. Was wir tun und wie wir es tun, muss absolut im Einklang sein. Wir müssen auf eine harmonische und friedvolle Weise wir selbst sein.

Sofern die Antwort auf die erste Frage ist: »Nein, das ist nicht das, was ich wirklich will«, dann tue es nicht. Betrüge dich nicht. Verrate dich nicht und verkaufe dich nicht unter deinem Wert.

Falls die Antwort lautet: »Ja, das will ich tun«, dann stelle als nächste Frage: *Kann ich es tun, ohne mich zu stressen?* Und wenn die Antwort wieder ein Ja ist, dann tue es.

Sollte die Antwort auf die zweite Frage jedoch »Nein« lauten, tue es nicht. Vermeide, auf eine Art und Weise zu handeln, die dich selbst oder andere unter Druck setzt und stresst. Warte mit dem Handeln, bis du es auf eine friedliche Weise tun kannst.

Diese beiden transformierenden Fragen gemeinsam zu nutzen, wird dir helfen, deinen Schöpfungszweck zu erfüllen und glücklich und friedlich zu leben. Ideal wäre, diese Fragen jedes Mal zu stellen, wenn du dabei bist, eine Entscheidung zu treffen. Solltest du vergessen, sie bei kleineren Entscheidungen anzuwenden, achte darauf, diese beiden Fragen auf jeden Fall zu stellen, bevor du eine wichtige Lebensentscheidung triffst.

Erinnere dich: Bei einem Menschen, der auf dem spirituellen Weg ist, muss das, was er tut und wie er es tut, zusammenpassen. Zu tun, was du tun möchtest, ist nicht genug. Du musst in der Lage sein, es auf friedliche Weise zu tun. Sonst ist es nicht wert, getan zu werden.

Diese spirituelle Übung wird dich davor bewahren, eine Menge Fehler zu machen, für deren Berichtigung du dir Zeit nehmen müsstest. Es könnte dich zwar etwas aufhalten, aber letztendlich wirst du so Zeit und Energie sparen. In diesem Sinne ist das, was du nicht tust, ebenso wichtig wie das, was du tust. In der Praxis müssen das Handeln und das bewusste Nicht-Handeln den gleichen Stellenwert für dich haben.

Früher magst du zwar in der Absicht gehandelt haben, dich zu ehren, aber diese Handlung wurde möglicherweise von anderen als barsch oder taktlos empfunden. Es mag sein, dass du eine gute Idee hattest, sie aber in einer von einer Wunde gesteuerten Art und Weise ausführtest, die zu Feindseligkeit und Vertrauensbruch führte. Das lässt sich durch die Frage vermeiden: *Kann ich das tun, ohne mich selbst oder andere zu stressen oder unter Druck zu setzen?*

Es gibt da noch eine Frage, die dir helfen kann, Fehler gegenüber anderen zu vermeiden. Frage dich: *Ist dies zu meinem*

Besten und zum Besten anderer? Sofern es nicht zu deinem Besten ist, tue es nicht. Ist es nicht zum Wohl anderer, tue es nicht. Warte, bis du beide Teile der Frage mit Ja beantworten kannst.

Du siehst: Diese Übung erfordert Geduld. Sie verlangt, dass du von vielen Handlungen Abstand nimmst, die du möglicherweise in der Vergangenheit umgesetzt hättest. Das bedeutet, dass dein Leben sich verlangsamt und mehr Raum entsteht. Du entwickelst sehr viel Einfühlungsvermögen für dich und andere. Du vermeidest Missverständnisse und Fehler, die du vielleicht in der Vergangenheit gemacht hast.

Während die westliche Spiritualität sich vorwiegend darauf konzentriert, was man tun sollte, hilft uns die östliche Spiritualität zu verstehen, was wir unterlassen sollten. Handeln und Nicht-Handeln sind spirituelle Übungen, die zusammengehören. Das hinduistische Konzept der »Ahimsa« (Gewaltlosigkeit/Friedfertigkeit), das so effektiv von Gandhi angewandt wurde, geht Hand in Hand mit dem christlichen Konzept »Liebe deinen Nächsten wie dich selbst«.

Tue, was hilfreich ist. Unterlasse, was schädlich ist. Sprich aus, was hilfreich ist. Unterlasse zu sagen, was nicht hilfreich ist. Indem du dich in diese Übung vertiefst, wirst du zu verstehen beginnen, dass das, was du nicht sagst und tust, genauso wichtig ist wie das, was du sagst und tust.

Zur rechten Zeit am richtigen Ort

Der Prediger Salomo sagt uns, dass alles seine Zeit hat. Es gibt eine Zeit zu handeln und eine Zeit, nicht zu handeln, eine Zeit zum Pflanzen und eine Zeit zum Säen, eine Zeit zum Sprechen und eine Zeit zum Schweigen.

Als jemand, der auf dem spirituellen Weg ist, musst du lernen, dich einzustimmen und zu spüren, wann die Zeit reif ist und wann nicht. Normalerweise gibt es Signale, die dir das mitteilen. Bist du unruhig oder merkst du, dass jemand anders unruhig wird, so ist es wahrscheinlich nicht der richtige Zeitpunkt. Wenn es sich übereilt oder willkürlich, gezwungen oder gedrängt anfühlt, ist es wahrscheinlich nicht der richtige Zeitpunkt.

Wenn du die transformierende Frage stellst: *Kann ich das auf friedliche Weise tun?*, und die Antwort »Ja« lautet, ist es wahrscheinlich der richtige Zeitpunkt. Deinem höchsten Wohl und dem höchsten Wohl anderer ist nur gedient, wenn du am rechten Ort und zur rechten Zeit sprichst und handelst.

Wenn wir das Leben gut leben, leben wir im schöpferischen Fluss des Universums. Wir wissen, wann es Zeit ist, zu sprechen, und wann, um zuzuhören. Wir wissen, wann es an der Zeit ist, dass wir in den Fluss springen, und wann wir herauskommen müssen.

Das Leben ist voller Stürme und unverhoffter Drehungen und Wendungen. Indem wir aufmerksam genug zuhören, können wir fühlen, dass sie auf uns zukommen, und auf eine Art und Weise handeln, die zu unserem Besten und zum Besten anderer ist.

Natürlich werden wir nicht perfekt sein. Wir werden immer noch Fehler machen. Wir werden immer noch Lektionen zu lernen haben. Aber das ist okay. Hindernisse und Herausforderungen auf dem Weg halten uns bescheiden und lernfähig. Sie helfen uns, vom hohen Ross herabzusteigen und uns nicht zu ernst zu nehmen. Sie helfen uns, zu lernen, über unsere eigenen Schwächen zu lachen.

Das Gelassenheitsgebet anwenden

Das Gelassenheitsgebet (siehe rechts) von Reinhold Niebuhr gehört zu den wunderbaren praktischen Werkzeugen, die uns helfen können, friedlich zu leben. Diese wenigen, einfachen Worte geben uns einen Kompass an die Hand, um ohne Stress oder Schuldgefühle leben zu können.

Es gibt Dinge, die wir nicht ändern können. Wir müssen lernen, sie zu akzeptieren, obwohl es schwierig ist. Wir müssen unsere Erfahrung umarmen und mit ihr so mitfühlend wie möglich leben. Ansonsten werden wir ständig mit dem Kopf gegen die Wand rennen.

Manches kann mit Mut und Entschlusskraft verändert werden. Ein Wort zur rechten Zeit, das Eingreifen in einen Kampf – beides kann Leben retten. Häufig sind aber Geduld und Ausdauer nötig, wenn wir gegen Ungerechtigkeit oder Missbrauch vorgehen wollen.

»Gott, gib mir die Gelassenheit,
Dinge hinzunehmen,
die ich nicht ändern kann,
den Mut, Dinge zu ändern,
die ich ändern kann,
und die Weisheit, das eine
vom anderen zu unterscheiden.«

Reinhold Niebuhr

Eine Veränderung in der Geisteshaltung oder im Herzen geschieht selten über Nacht. Oft erfordert sie ein ganzes Leben lang. Manchmal vollzieht sie sich sogar über Generationen. Worauf es ankommt, ist, dass wir unseren Teil tun, wenn wir die Gelegenheit dazu haben.

Ein Mensch, der im kreativen Strom des Universums lebt, weiß, wann der richtige Zeitpunkt ist, etwas zu akzeptieren, und wann, aufzustehen und sich einzusetzen. Es gibt da keine starre Regel. Du musst in der Situation wachsam sein. Du musst die transformierende Frage anwenden, um zu verstehen, ob und wann die Zeit reif ist.

Die Entfaltung der Gnade

Die Gnade entfaltet sich, wenn wir es zulassen; wenn wir aufhören, uns in die Angelegenheiten anderer einzumischen, sie zu kontrollieren, zu überreden, zu beeinflussen oder ihnen Druck zu machen. Wir geben ihnen den Raum, den sie brauchen, um ihrem Herzen zu folgen. Das ist gut für uns. Wir möchten nicht, dass sie uns folgen, wenn das nicht zu ihrem Besten ist. Wenn alles gesagt und getan ist, ist ihr höchstes Gut und unseres ein und dasselbe.

Das ist etwas, das wir lernen müssen. Wir meinen, wir könnten uns über andere erheben, indem wir sie kleinmachen. Wir meinen, wir könnten bekommen, was wir wollen, indem wir andere kontrollieren. Das ist aber nicht wahr.

Was andere Menschen verletzt, verletzt letztendlich auch uns selbst.

Wir müssen lernen, uns gut abzugrenzen. Wir müssen anderen den Raum geben, zu sein, wer sie sind. Wir müssen ihre Wahl ehren und sie bitten, unsere Wahl zu ehren. Wenn uns das Leben auf anmutige Weise zusammenführt, können wir tanzen. Führt es uns in unterschiedliche Richtungen, müssen wir loslassen.

Letztendlich weiß keiner von uns wirklich, was gut für uns ist. Wir glauben, es zu wissen, aber wir sehen nur einen kleinen Ausschnitt. Wir müssen den kleinen Ausschnitt aufgeben, wenn wir das große Bild verstehen wollen. Wollen wir den Sinn eines anderen Menschen für unser Leben ganz verstehen und wertschätzen, müssen wir zulassen, dass dieser Mensch frei kommen und gehen kann.

Wenn wir alle unserem Herzen folgen, entfaltet sich die Gnade, und wir entfalten uns in ihr. Das Tao ist gegenwärtig in den Herzen und Gemütern der Menschen. Der Tanz des Lebens wird wahrgenommen und wertgeschätzt.

Eine der größten Fähigkeiten, die wir auf unserem spirituellen Weg lernen, besteht darin, nicht im Weg zu stehen. Wir lernen, unsere Erwartungen, unseren Eigennutz, unser Bedürfnis nach Kontrolle loszulassen. Wir geben unser Ego hin und lassen die Würfel fallen, wie sie wollen. Sosehr wir es auch versuchen mögen: Wir haben keine Kontrolle darüber, wie sie fallen werden. Warum sich also Sorgen machen? Das wird uns nichts nützen.

Es ist eine große Offenbarung auf unserem Weg, zu verstehen, dass sich unser höchstes Gut dann entfaltet, wenn wir nicht im Weg stehen, sondern zulassen, dass die Dinge geschehen. Natürlich bemühen wir uns darum, mit Integrität zu reden und zu handeln. Wir leben aus dem Herzen, wir handeln, wenn wir das auf friedvolle Weise tun können, und nehmen davon Abstand, falls es nicht die rechte Zeit und der rechte Ort ist. Wir geben unser Bestes, und dann »lassen wir los und lassen Gott walten«. Wir vertrauen dem Universum.

Unser Bestes ist gut genug und wird immer gut genug sein. Indem wir dies tief in unserem Herzen wissen, überlassen wir das Ergebnis den universellen Gesetzen der Liebe, die in unserem Leben wirken.

Wichtige Gedächtnisstützen

✗ Nimm Abstand davon, auf eine Weise zu handeln, die auf dich oder andere Druck ausübt und Stress erzeugt.

✗ Es reicht nicht aus, das zu tun, was du tun möchtest. Du musst in der Lage sein, es auf friedvolle Weise zu tun. Sonst ist es nicht wert, getan zu werden.

✗ Zu handeln und bewusst nicht zu handeln – beides sollte den gleichen Stellenwert in deinem Leben haben.

✗ Wenn etwas nicht zu deinem Besten und zum Besten anderer ist, tue es nicht.

✗ Tue und sage, was hilfreich ist. Unterlasse es, etwas Verletzendes zu tun oder zu sagen.

DIESE ÜBUNG UNTERSTÜTZT:
wachsam bleiben, ermächtigt sein und offen für Möglichkeiten

MANDALA/MEDIZINRAD:
Himmelsrichtung: Nordwesten
Sonnenzyklus: um den 7. November
Mondzyklus: abnehmender Sichelmond (315°)
Tageszyklus: Abend (21:00)

ENTWICKLUNGSPROZESS/STADIUM:
Vollendung, Loslösung

ENERGETISCHER FOKUS:
Stille; in der eigenen Mitte ruhen

8

VERWEILE IN DER GEGENWART

TRANSFORMIERENDE FRAGE:

Vergebe ich der Vergangenheit
und erlaube ich der Zukunft, sich zu entfalten?

Es ist schwierig, im gegenwärtigen Moment zu bleiben. Es ist wie ein Sprung ins Leere, ohne zu wissen, ob die Arme des Universums uns auffangen werden. Das Gute daran ist, dass du wissen wirst, es ist okay, wenn du es ein- oder zweimal gemacht hast. Du musst aber zunächst das Risiko eingehen, um dies dann mit einer inneren Sicherheit zu wissen.

Die meisten füllen ihr Bewusstsein und ihr Leben mit Geschichten über die Vergangenheit und mit Erwartungen an die Zukunft. Das trübt nur den Geist und macht das Herz schwer. Keines von beidem ist nötig.

Wenn wir in der Gegenwart verweilen, entfällt die Komplexität. Komplexität entstammt dem Ego-Bewusstsein mit seinem Netz aus Scham und Schuld. Wird das Ego überwunden, verschwindet das Drama. Wir achten wieder auf unseren Atem. Wir werden wieder gegenwärtig im Hier und Jetzt.

Die Gegenwart ist der einzige Ort, an dem wir wirklich lebendig und bewusst sein können. Es ist der Ort der Macht und der Ort des Friedens. Im gegenwärtigen Moment bleibt das Feld der Möglichkeiten offen. Es wimmelt an Gelegenheiten. Es ist ein grenzenloser Raum. Es ist der Raum reinen Bewusstseins.

Die Gegenwart ist der Mittelpunkt des Universums. Du hältst den Schlüssel zum inneren Heiligtum in der Hand, sobald du Vergangenheit und Zukunft loslässt und in dein Herz kommst. So einfach ist das. Nimm einen tiefen Atemzug und sei gegenwärtig. Atme und sei. Das ist alles.

Für die meisten Menschen ist das nicht genügend Drama. Wir haben Angst davor, uns zu langweilen, und so erlauben wir uns, in irgendeine alte Geschichte abzudriften. Die Geschichte bringt alte Glaubensmuster und Gefühle an die Oberfläche, und wir nehmen sie wieder in uns auf. Wir finden das unterhaltsam. Das Problem ist, dass uns das erneut in die Angst zurücktreibt.

Rufen wir die Vergangenheit nicht wieder wach, greifen wir gedanklich der Zukunft vor. Wir planen und träumen. Wir holen unsere Scham und Angst herbei, indem wir die Vergangenheit mit der Zukunft verbinden. Das führt dazu, dass unsere Erfahrung die gleiche sein und unser Ego sich sicher fühlen wird.

Während wir die Vergangenheit wieder herholen und die Gedanken und Gefühle noch einmal durchleben, versuchen wir, zu planen, zu inszenieren oder an der Zukunft zu bauen. Naiv oder vielleicht romantisch, wie wir sind, erwarten wir, dass das Ergebnis diesmal anders sein wird. Das ist, als machte man eine Diät mit Kuchen und Eiscreme, um Gewicht zu verlieren. Das ist völlig absurd. Der Weg zu einer bedeutsamen Veränderung besteht darin, die Vergangenheit loszulassen, anstatt sie heranzuziehen oder sogar noch zu verstärken.

Menschen können eigenartige Geschöpfe sein. Sie werfen ihr Geld in einen Spielautomaten und spielen das gleiche Spiel immer und immer wieder in der Erwartung, den Jackpot zu knacken. Falls sie ihr Geld verlieren, glauben sie, dass ihre Zeit schon noch kommen wird. Sie scheinen der alten Geschichten und Luftschlösser nicht überdrüssig zu werden.

Warum nehmen Menschen eigentlich Drogen? Sie möchten dem Augenblick entfliehen, vielleicht weil sie gelangweilt sind oder weil sie leiden. Also erweitern sie ihr Bewusstsein mit Chemie oder schnüren es ab. Sie schauen durch ein Kaleidoskop, und so sehen die Dinge wirklich cool und interessant aus. Nichts ist faszinierender als die Show, die sich in ihren Köpfen abspielt. Darüber vergessen sie, zur Arbeit zu gehen. Sie lassen das Abendessen ausfallen und suchen dann um drei Uhr nachts nach etwas Essbarem. Weißt du, wer nachts um drei auf der Straße ist?

Okay. Manche Menschen begreifen es einfach nicht, bis es ihnen ins Gesicht springt. Sei's drum! Du kannst niemanden dazu zwingen, in der Gegenwart zu bleiben, wenn er Angst davor oder keine Lust dazu hat, hier zu sein.

Die Realität ist nie so schlecht, wie wir zunächst meinen. Wenn wir einfach atmen und da sind, werden wir durch den Schleier der Vergangenheit hindurchsehen und der Zukunft frei begegnen. Sie ist nicht, was wir erwarten. Sie ist viel lichter und interessanter.

In den Briefen an die Korinther heißt es: »Wir sehen jetzt durch einen Spiegel ein dunkles Bild; dann aber von Angesicht zu Angesicht.« Wenn wir erwachen, beginnen wir zu sehen, was ist, und nicht, was wir erwarten oder befürchten. Zu sehen, was ist, wird zu einer Offenbarung. Es entspricht nicht den Erwartungen unseres Ego. Es steht nicht in Zusammenhang mit unserer Angst. Es bietet uns einen neuen Weg, eine neue Vision, eine neue Erfahrung.

Die Vergangenheit loslassen

Eine Möglichkeit, die transformierende Frage zu stellen, besteht darin, uns einfach zu fragen, ob wir auf die Gegenwart oder auf die Vergangenheit fokussiert sind. Indem wir das ehrlich beantworten, werden wir erkennen, dass wir normalerweise auf die Vergangenheit ausgerichtet sind. Das ist schon okay. Wir müssen uns deshalb nicht verurteilen. Wir müssen einfach nur verstehen: *Das hat alles mit der Vergangenheit zu tun. Mein Ziel aber ist es, in der Gegenwart zu bleiben.*

Die Übung führt uns in den gegenwärtigen Augenblick. Natürlich werden wir immer wieder in die Vergangenheit abgleiten, aber das ist in Ordnung. Unsere Übung hilft uns, uns zurückzuholen. Allmählich sind wir dann in der Lage, immer länger im Augenblick zu verweilen.

Richtest du dich auf die Vergangenheit aus, kommen Scham und Schuld auf. Das ist eine gute Gelegenheit, die Last zu erkennen, die du mit dir herumschleppst. Schaust du dir diese Last an, gewinnst du vielleicht Aufschluss darüber, warum du sie herumschleppst. Je mehr du die Last der Vergangenheit erkennst und spürst, desto leichter fällt es dir, sie abzuwerfen. Niemand möchte diesen Sack mit alten Knochen herumschleppen. Er ist einfach viel zu schwer und macht eine Menge Lärm. Wenn du läufst, kann jeder die Schädel darin klappern hören.

Die Vergangenheit mit sich herumzutragen, beschränkt deine Erfahrung des gegenwärtigen Moments. Du kannst nie richtig da sein. Und je mehr du mit den Gedanken abschweifst, desto uneffektiver bist du. Vielleicht bist du nicht einmal in der Lage, einen Fuß vor den anderen zu setzen. Falls das auf dich zutrifft, mach einen Alkoholtest. Vielleicht bist du nicht alkoholtrunken, aber trunken vom Gestern, von der vergangenen Woche oder vom vergangenen Jahr.

Freiheit trifft ein, wenn wir ganz in der Gegenwart dieses Augenblicks sein können. Alles andere ist nur die eine oder andere Form von Knechtschaft.

Hab keine Angst vor der Gegenwart. Sie wird dich nicht verschlingen. Das tut nur die Vergangenheit. Sie ist wie ein gigantischer Alligator, der dich in die Tiefe des Flusses herunterzieht. Die Gegenwart jedoch tut das nicht. In der Gegenwart zu sein ist wie in einem Kanu ohne Paddel auf dem Fluss zu gleiten. Du hast eine wunderbare Aussicht, aber du weißt nicht, wohin die Reise geht.

Jedes Mal, wenn wir in der Gegenwart sind, bietet sich uns die Gelegenheit, dem Universum zu vertrauen. Entweder weiß der Fluss, wohin er fließt, oder er weiß es nicht. Sicher ist: Wir werden es früher oder später herausfinden.

Der Zukunft erlauben, sich zu entfalten

Eines ist sicher: Du weißt nicht, wohin der Fluss führt. Du hast keine blasse Ahnung. Je eher dir das klar wird, desto besser.

Frage dich, wie viele deiner gut geschmiedeten, sorgfältig ausgearbeiteten Pläne funktioniert haben. Bist du ein großer Schöpfer oder vergisst du *The Secret* immer wieder? Sei mal ehrlich. Falls du so bist wie die meisten Menschen, musst du zugeben, dass das Leben sich selten so zeigt, wie du es dir wünschst oder erwartest.

Ich habe Neuigkeiten für dich. Es gibt kein Geheimnis. Alles liegt klar zutage. Du musst nur deine Augen öffnen. Ich sage es dir geradeheraus: Weder du noch ich haben die leiseste Ahnung. Weder du noch ich können unser Leben entwerfen oder kontrollieren. Wenn wir das könnten, wären wir alle Ingenieure anstatt Dichter, Priester oder Tankwarte.

Ein Mensch auf dem spirituellen Weg mag über das Gesetz der Anziehung sprechen; trotzdem hat er keine Ahnung, was in seinem Leben geschehen wird. Sollte er versuchen, dir etwas anderes zu erzählen, so lügt er. Die meisten Menschen erschaffen unbewusst. Selbst diejenigen, die bewusst erschaffen, tun dies nur zeitweise. Das Ergebnis ist immer eine bunte Mischung.

Das erinnert mich an einen Freund, der einen Lamborghini in seiner Auffahrt manifestierte. Leider manifestierte er auch einen zehn Tonnen schweren Elefanten, der sich auf den Wagen setzte, sodass der nicht nur unnütz war, sondern ihn auch noch eine Menge Geld für das Abschleppen und Verschrotten kostete. Vom Elefanten gar nicht erst zu reden. Habe ich erwähnt, dass es ein weißer Elefant war?

In dem Land, in dem das Gesetz der Anziehung regiert, sind die Elefanten immer weiß. Und zwar deshalb, weil sie »spiritueller« sind.

Wie auch immer, ich bin mir sicher, du hast verstanden, worum es geht, auch wenn du anderer Meinung sein solltest als ich. New-Age-Gerede vergeht nicht so leicht. Vielleicht, weil es bislang noch kein Zwölf-Punkte-Programm dafür gibt wie für Alkoholiker.

Du hast für nichts im Leben eine Garantie. Niemand wird dir genau sagen, was geschehen wird, damit du dich darauf vorbereiten kannst. Verschwende deine Zeit nicht, um zu Hellsehern und Astrologen, Priestern oder Experten zu gehen. Niemand weiß es. Sie wissen es nicht einmal auf ihr eigenes Leben bezogen, geschweige denn auf deines.

Selbst wenn jemand dir sagen könnte, was die Zukunft dir bringen wird, wäre das bedeutungslos. Sie könnten dir nicht sagen, wie du darauf reagieren würdest. Und im Voraus zu wissen, was geschehen könnte, macht es vielleicht sogar noch schwieriger für dich, dem zu begegnen, sobald es tatsächlich eintrifft.

Damit verhält es sich wie mit einer großen Dose voller Würmer. Höre auf, dieses oder jenes zu manifestieren. Gib es auf! Geh lieber angeln. Da kannst du mit den Würmern am meisten anfangen. Und darauf zu warten, dass der Fisch anbeißt, führt dazu, dass du im Augenblick bleibst und wachsam bist.

Wenn du dafür einen spirituellen Begriff brauchst, nenne es »Zen und die Kunst zu angeln«. Solltest du mal ein Buch darüber schreiben, erinnere dich bitte daran, dass der Titel von mir stammt.

Sonnenschein und blauer Himmel

Ich weiß nicht, warum christliche Mystiker das Nicht-Wissen als eine Wolke bezeichnen. Ich glaube, es wäre zutreffender, zu sagen, dass »der Glaube zu wissen« eine Wolke ist. Im Vergleich dazu ist »zu wissen, dass du nicht weißt« wie ein heller, sonniger Tag mit blauem Himmel. Du siehst alles so, wie es ist. Nichts ist verhüllt oder verborgen.

Es wird sogar noch makelloser und überwältigender, wenn du das alles sehen kannst, ohne zu urteilen oder zu interpretieren. Sei einfach gegenwärtig und sieh, was ist.

Wisse, dass die Wolken heraufziehen, sobald du urteilst. Dann siehst du wieder durch den Spiegel ein dunkles Bild. Du erkennst nicht, was ist, wenn du es durch deine Filter siehst.

Sobald du durch die Linse der Angst schaust, sieht das Leben dunkler aus, als es ist. Angst lässt alles trübe erscheinen. Blau wird zu Grau. Die Farben verblassen wie bei einem abgenutzten Stoff.

Lernst du aber, deine Angst sanft zu halten, dann kehrt die ganze Farbpalette ins Leben zurück. Halte deine Befürchtungen nicht für die Wahrheit. Das sind sie nicht. Halte sie einfach sanft, dann werden die Wolken an dir vorüberziehen.

Diese spirituelle Übung fordert uns auf, wachsam zu sein und zu beobachten, wie sich das Leben entfaltet. Der Zeuge macht sich nicht von dem abhängig, was er sieht, sondern er lässt es kommen und gehen. Er versucht nicht, etwas vorauszusagen oder das Leben zu kontrollieren, sondern er gibt sich hin und bewegt sich mit ihm – wie ein Zweig oder ein Blatt, das in den Fluss fällt.

Das »Nichtanhaften« gehört zu den großen Früchten einer spirituellen Lebensweise. Weil wir die Vergangenheit loslassen, ist die Gegenwart immer neu. Sie kommt unbelastet und frei, um zu sein, was sie ist. Und wir sind ebenfalls frei, darauf so einzugehen, wie es sich im jeweiligen Moment richtig anfühlt.

Das ist die Freiheit, um die wir uns das ganze Leben lang bemüht haben. Die Freiheit, wir selbst zu sein und anderen zu erlauben, sie selbst zu sein. Die Freiheit, das Leben sich in uns und durch uns entfalten zu lassen.

Hier endet die Reise. Dies ist der Ort, an dem wir zur Stille zurückkehren. Der Regentropfen fällt in den Ozean und wird zum Ozean. Das ist das Ende des Getrenntseins.

Mystiker haben über diesen Moment geschrieben. Jetzt ist er gekommen. Die Bedingtheit hat ein Ende. Die Pforte zur ewigen Liebe ist geöffnet, und wir sind endlich bereit, über die Schwelle zu schreiten.

Hier verschmelzen das Persönliche und das Unpersönliche. Der Liebende und der Geliebte sind ein und dasselbe. Wir verweilen gemeinsam in der Einheit. Unsere Wiedervereinigung mit dem Göttlichen ist nun vollendet.

Wichtige Gedächtnisstützen

Alles, was ist, ist in diesem Augenblick enthalten. Wenn du in ihm bleibst, weißt du:

- Du bist nicht von deinem wahren Selbst getrennt.
- Du bist nicht von deinem Bruder oder deiner Schwester getrennt.
- Du bist nicht von Gott getrennt.
- Du bist sowohl Zeuge als auch Mitwirkender.
- Du bist der Überbringer der Liebe – und auch der, der sie empfängt.

Mit vielen Segenswünschen von mir.

Namaste.

ANHANG

ZIELE DER AFFINITY-GRUPPEN

Sinn und Zweck des Affinity-Gruppenprozesses ist das Geben und Empfangen bedingungsloser Liebe, Akzeptanz und Unterstützung. Wir wollen einen sicheren, liebevollen, urteilsfreien Raum schaffen, in dem wir unsere Herzen öffnen und durch unsere Ängste hindurchgehen können.

Die Gruppenregeln

1. Wir erinnern uns stets an unser Motiv: Wir sind hier, um einander zu lieben und zu akzeptieren, und nicht, um einander zu verurteilen, zu analysieren, zu retten oder »in Ordnung zu bringen«.

2. Wir vereinbaren, unsere Gedanken und Gefühle offen und ehrlich miteinander zu teilen.

3. Kommen uns Urteile über eine Person in den Sinn, machen wir sie uns bewusst und wenden unsere Aufmerksamkeit wieder dem Teilnehmer zu, der gerade spricht.

4. Wir greifen nicht in den Prozess oder die Mitteilung eines anderen Teilnehmers ein und unterbrechen ihn nicht. Wir schenken der Person, die gerade ihre Gedanken und Gefühle mit uns teilt, unsere ungeteilte Aufmerksamkeit.

Wir stören die Mitteilung eines Teilnehmers nicht durch Unterhaltungen mit anderen Gruppenmitgliedern.

5. Nach jeder Mitteilung schweigen wir dreißig Sekunden lang, um diesen Beitrag zu würdigen.

6. Wir nehmen die Aufmerksamkeit und Zeit der Gruppe nicht über Gebühr in Anspruch und geben auch jenen Teilnehmern Raum, die bisher weniger mit der Gruppe geteilt haben als wir.

7. Wir machen »Ich«-Aussagen, keine »Du«-Aussagen. Wir übernehmen Verantwortung für unsere eigenen Erfahrungen und respektieren die Erfahrung anderer. Wir interpretieren die Aussagen anderer Gruppenmitglieder nicht.

8. Wir verbergen unsere Verletztheit oder Wut nicht. Wir sprechen offen und ehrlich darüber und versuchen nicht, andere für unsere Gefühle verantwortlich zu machen.

9. Wenn jemand seine Verletztheit oder Wut mit uns teilt, respektieren wir seine Gefühle. Wir gehen nicht in die Defensive und versuchen nicht, unsere Worte oder unser Handeln zu rechtfertigen. Wir teilen alle Gefühle mit, die in uns ausgelöst werden.

10. Wir bleiben im gegenwärtigen Moment. Wir bringen weder die Vergangenheit noch die Zukunft ins Spiel, es sei denn, sie finden für uns hier und jetzt statt.

11. Alles, was in der Gruppe gesagt wird, behandeln wir vertraulich.

12. Wir respektieren die Stille, denn wir wissen, dass sie uns Gelegenheit gibt, uns selbst und andere intensiver wahrzunehmen.

13. Wenn wir das Gefühl haben, dass sich die Gruppe von ihren eigentlichen Zielen entfernt, bitten wir um einen Moment der Stille, sodass sich die Teilnehmer sammeln und an den Sinn und Zweck der Gruppenarbeit erinnern können.

14. Wohl wissend, dass wir diese Arbeit nicht perfekt machen können, gehen wir liebevoll mit uns selbst um. Wir betrachten alles, was in der Gruppe geschieht, als Gelegenheit, Vergebung zu üben.

Vereinbarungen der Gruppe

✖ Wir vereinbaren, den Zweck der Gruppe anzuerkennen.
✖ Wir vereinbaren, uns an die Gruppenregeln zu halten.
✖ Wir vereinbaren, pünktlich zu jedem Gruppentreffen zu erscheinen.
✖ Wir vereinbaren, an jeder Gruppensitzung teilzunehmen.

Anmerkung: Manche Menschen ziehen es vor, »ich« zu sagen an-
statt »wir«, wenn sie die Gruppenrichtlinien lesen. Das macht die
Richtlinien für sie persönlicher. Du kannst das gerne tun, wenn
du möchtest.

Nutze diese Richtlinien, um eine »Schlüssel zum Königreich«-
Gruppe ins Leben zu rufen und anzuleiten. Im Idealfall trifft
sich die Gruppe einmal wöchentlich für den Zeitraum von
acht Wochen. Wenn möglich, beginne kurz nach Neumond.

Die ideale Größe für eine Affinity-Gruppe sind sechs bis
zehn Teilnehmer. Kleinere Gruppen sind aber ebenfalls gut.
Die Faustregel lautet: »Zwei oder mehr.« Selbst wenn deine
Gruppe »nur« aus dir und einem Affinity-Gefährten besteht,
kann das eine große Unterstützung für beide sein. Wir haben
mehrere eindrückliche Beispiele von Affinity-Gefährten, die
sich jahrelang getroffen und die Richtlinien genutzt haben,
um einander zuzuhören und zu unterstützen.

Weitere Informationen über den Affinity-Gruppenprozess
sowie Anleitungen, um eine Gruppe zu führen, findest du in
meinem Buch »Im Herzen leben – Das Praxisbuch zum Affi-
nity Prozess«.

DER MONDKALENDER UND DER SONNENKALENDER

Am besten führst du die Übungen in diesem Buch spontan durch, wenn dein Herz dem zugeneigt ist. So bleibst du in deinem natürlichen Lebensrhythmus. Solltest du aber Interesse daran haben, mit Zyklen zu arbeiten, nutze die folgenden Richtlinien, um deine spirituelle Übung mit dem Mond- und/oder Sonnenzyklus zu verbinden.

Mit dem Mondkalender arbeiten

Beginne die Lektüre dieses Buches bei Neumond und beende sie vor dem Ende des jeweiligen Mondzyklus. Starte mit deinen spirituellen Übungen am darauffolgenden Neumond, wobei du jede Übung eine Woche lang durchführst. Das ermöglicht es dir, die erstmalige Lektüre des Buches und die anschließenden wöchentlichen Übungen innerhalb von ungefähr drei Monaten abzuschließen.

Falls du dich mit anderen treffen möchtest, die dich bei diesen Übungen unterstützen können, nutze die zuvor beschriebenen Affinity-Prozess-Gruppenrichtlinien, die dir einen sicheren Raum für deine Mitteilungen ermöglichen. Wöchentliche Affinity-Gruppentermine sind ideal. Versuche, mit den Treffen an oder kurz nach Neumond zu beginnen, und setze diese für acht aufeinanderfolgende Wochen fort.

Du kannst mit deiner Arbeit sogar noch mehr in die Tiefe gehen, wenn du bereit bist, einen ganzen Monat mit jeder Übung zu verbringen. In diesem Fall würde es einen Zeitraum von neun Mondzyklen in Anspruch nehmen, um das Buch zu lesen und die Übungen durchzuführen. Das ist ungefähr der Zeitraum, den eine Mutter braucht, um ein Kind auszutragen, vom Zeitpunkt der Empfängnis gerechnet. Damit bekommst du ein Gefühl für die Macht der Mondzyklen und der weiblichen Energie, die diese Übungen nähren und unterstützen, damit sie in deinem Leben Früchte tragen.

Du kannst diesen Ablauf an einem beliebigen Neumond beginnen, aber wenn es zeitlich möglich ist, beginne am ersten Neumond nach der Wintersonnenwende oder an dem Neumond, der auf deinen Geburtstag folgt.

Informiere dich zum Beispiel im Internet über das Thema »Mondzyklus« und orientiere dich am Mondkalender des aktuellen Jahres.

Mit dem Sonnenzyklus arbeiten

Der Sonnenzyklus beginnt und endet mit der Wintersonnenwende (siehe S. 129). Sofern möglich, beginne deine Übungen zur Wintersonnenwende und verwende etwa 45,5 Tage für jede der acht Übungen. Die ungefähren Zeiten für den Beginn einer jeden Übung sind im Text angegeben. Das Datum für die Sonnenwenden, Tagundnachtgleichen und der Mittelwert zwischen diesen vier Hauptpunkten können leicht schwanken. Achte darauf, die Zeiten und Daten für deine Region bzw. Zeitzone zu überprüfen, wenn du Wert darauf legst, dass sie exakt stimmen (MEZ = Mitteleuropäische Zeit; MESZ = Mitteleuropäische Sommerzeit).

Jahr	Frühlings-Tagundnachtgleiche (MEZ)	Sommersonnenwende (MESZ)
2013	20.03., 12:01	21.06., 07:04
2014	20.03., 17:56	21.06., 12:51
2015	20.03., 23:45	21.06., 18:38
2016	20.03., 05:30	21.06., 00:34
2017	20.03., 11:28	21.06., 06:23
2018	20.03., 17:14	21.06., 12:07
2019	20.03., 22:58	21.06., 17:54
2020	20.03., 04:49	20.06., 23:43

Unten sind die mitteleuropäischen Zeiten für die Sonnenwenden und Tagundnachtgleichen der Jahre 2013 bis 2020 aufgelistet. Astrologisch gesehen entsprechen diese Daten den Zeitpunkten, zu denen die Position der Sonne bei 0° im Widder, 0° im Krebs, 0° in der Waage und 0° im Steinbock steht.

Herbst-Tagundnachtgleiche (MESZ)	Wintersonnenwende (MEZ)
22.09., 22:44	21.12., 18:11
23.09., 04:28	22.12., 00:02
23.09., 10:20	22.12., 05:48
22.09., 16:21	21.12., 11:44
22.09., 22:01	21.12., 17:27
23.09., 03:53	21.12., 23:22
23.09., 09:49	22.12., 05:19
22.09., 15:30	21.12., 11:02

PAUL FERRINIS
REAL-HAPPINESS-WORKSHOP

Paul Ferrinis Real-Happiness-Workshop wird dir dabei helfen, deine Kindheitswunden zu heilen, die Verhaltensmuster des Selbstbetrugs zu beenden, in deine Kraft zu kommen und deinen Lebenszweck zu finden. Diese Workshops sind ein logischer nächster Schritt für jeden, der die Arbeit mit den *Schlüsseln zum Königreich* mit Freude getan und daraus Nutzen gezogen hat.

Kurze Beschreibung der Real-Happiness-Arbeit

Wahres Glücklichsein ist für alle möglich. Es gibt keinen Fehler oder Mangel an uns, der uns daran hindern könnte, glücklich zu sein. Dennoch müssen falsche Glaubensmuster hinterfragt und Schmerzen geheilt werden, damit wir unser Herz ganz der Liebe und dem Leben öffnen können.

STELL DIR VOR, wie dein Leben wäre, ...

- ✳ ... wenn du an dich selbst glaubtest und wüsstest, dass du eine Gabe hast, die du mit anderen teilen kannst;
- ✳ ... wenn du deinen Lebenstraum verwirklichen könntest, anstatt ihn infrage zu stellen;

- ✗ … wenn du den Problemen in deinem Leben ohne Angst begegnen könntest;
- ✗ … wenn du dich selbst in jeder Lebenslage annehmen und lieben könntest.

Wahres Glücklichsein beginnt mit deiner Beziehung zu dir selbst. Es erfordert radikale Selbstakzeptanz. Es erfordert, dass du andere vom Haken lässt und damit anfängst, Verantwortung dafür zu übernehmen, dich selbst zu lieben.

Dieser Workshop wird dir dabei helfen, …

- ✗ … durch deinen Schmerz zu gehen und deine Verletzungen zu heilen;
- ✗ … dir selbst und anderen zu vergeben;
- ✗ … damit anzufangen, Verantwortung für dein Leben zu übernehmen.

Er wird dir Werkzeuge an die Hand geben, …

- ✗ … damit du dich mit deinem wahren Selbst verbindest;
- ✗ … damit du ehrliche, erfüllte Beziehungen in deinem Leben anziehst;
- ✗ … damit du dir eine sinnvolle Arbeit erschaffst, die deine Talente zum Ausdruck bringt.

Er wird dich befähigen, das Leben zu leben, das für dich bestimmt ist.

Der Real-Happiness-Workshop besteht aus drei Wochenend-Intensivseminaren:

1. Phase eins – ERWACHEN – handelt davon, aus der Verleugnung herauszukommen, deinen Schmerz wahrzunehmen und dich mit der Liebe zu verbinden.

2. Phase zwei – HEILUNG – arbeitet an der Heilung deiner Kindheitswunden, verändert deine selbstzerstörerischen Glaubensmuster und beendet deine selbstbetrügerischen Verhaltensmuster.

3. In Phase drei – ERMÄCHTIGUNG – arbeitest du daran, dein Potenzial im Beruf und in deinen Beziehungen zu verwirklichen und in Frieden und Harmonie mit anderen Menschen zu leben.

Um weitere Informationen zu erhalten und die Termine für unsere nächsten Real-Happiness-Workshops in den USA zu erfahren, schreibe bitte an orders@heartwayspress.com oder besuche unsere Webseite www.paulferrini.com.

Angelika Kreuzer-Rombach hat fünf Jahre lang intensiv mit mir gearbeitet. Sie ist zertifizierte Lehrerin meiner Real-Happiness-Arbeit und die Koordinatorin meiner Arbeit in Deutschland. Im Hinblick auf Anmeldungen zu Real-Happiness-Vorträgen und -Workshops wende dich an Angelika:
info@angelika-kreuzer-rombach.de
oder Tel. (072 24) 65 78 00

 **Paul Ferrini** ist Autor von mehr als vierzig inspirierenden Büchern über Liebe, Heilung und Vergebung. Seine einzigartige Mischung von Spiritualität und Psychologie erstreckt sich von den Weisheitstraditionen des Ostens bis zu denen des Westens und führt uns unmittelbar in eine tiefgreifende Heilung. Seine Bücher wurden in zahlreiche Sprachen übersetzt, seine Arbeit ist rund um die Welt bekannt und geschätzt.

Paul Ferrini ist ein begehrter Redner und Seminarleiter. Seine Vorträge, Seminare und der Affinity-Gruppenprozess haben Tausenden von Menschen dabei geholfen, ihre Praxis der Vergebung zu vertiefen und ihr Herz für die göttliche Gegenwart in sich selbst und anderen zu öffnen.

Weitere Informationen über Paul Ferrinis Arbeit findest du auf seiner Website www.paulferrini.com. Sie enthält viele Auszüge aus Paul Ferrinis Büchern sowie Informationen über seine Workshops und Retreats.

Dort besteht auch die Möglichkeit, Pauls kostenlosen Newsletter sowie einen kostenlosen Katalog seiner Bücher und Audio-Produkte anzufordern.

Eine Kontaktaufnahme per E-Mail an info@heartwayspress.com oder per Brief an Heartways Press, 9 Phillips Steet, Greenfield, MA 01301, USA, ist ebenso möglich.

Kommentare zu
»Die Schlüssel zum Königreich«

Paul Ferrini verbindet uns mit dem Geist im Inneren, mit dem Ort, an dem selbst die tiefsten Wunden geheilt werden können.

JOAN BORYSENKO

Paul Ferrinis wunderbare Bücher zeigen uns einen Weg auf, wie wir leicht und in Freude auf dem Planeten Erde gehen können.

GERALD JAMPOLSKY

Paul Ferrinis Arbeit ist ein Muss für all diejenigen, die bereit sind, Verantwortung für ihre eigene Heilung zu übernehmen.

JOHN BRADSHAW

Paul Ferrinis Bücher sind die wichtigsten, die ich je gelesen habe. Ich studiere sie wie eine Bibel.

ELISABETH KÜBLER-ROSS